МИХАЭЛЬ ЛАЙТМАН

«ТАЙНЫ ВЕЧНОЙ КНИГИ»

КАББАЛИСТИЧЕСКИЙ КОММЕНТАРИЙ К ТОРЕ

ТОМ **7**

«ПОСЛЕ СМЕРТИ»
«БУДЬТЕ СВЯТЫ»
«СКАЖИ»

МЕЖДУНАРОДНАЯ
АКАДЕМИЯ
КАББАЛЫ

Лайтман Михаэль
Тайны Вечной Книги. Том 7/ Михаэль Лайтман – Laitman Kabbalah Publishers, 2018. – 312 с.
Напечатано в Израиле.

Laitman Michael.
Secrets of the Eternal Book. Volume 7/ Michael Laitman – Laitman Kabbalah Publishers, 2018. – 312 pages.
Printed in Israel.

ISBN 978-965-7577-84-4
DANACODE 760-129

Подобного раскрытия Торы до сих пор не было. Дайте себе немного времени, войдите в материал, и, уверяю вас, вы не оторветесь от этой книги. Потому что почувствуете, что она – о вас. И она нужна вам, как близкий друг, который всегда поможет, придет на помощь, будет рядом и в горе, и в радости.

Семен Винокур, автор и ведущий серии передач с Михаэлем Лайтманом «Тайны Вечной Книги»

ISBN 978-965-7577-84-4
DANACODE 760-129

Copyright [c] 2018 by Laitman Kabbalah Publishers
1057 Steeles Avenue West, Suite 532
Toronto, ON M2R 3X1, Canada
All rights reserved

ОГЛАВЛЕНИЕ

ПРЕДИСЛОВИЕ	7
ГЛАВА «ПОСЛЕ СМЕРТИ»	**9**
ОНИ ОПЕРЕДИЛИ ВРЕМЯ	10
КРЫШКА И ОБЛАКО	12
ДВА КОЗЛА, ДВА ЖРЕБИЯ	16
РАЗБОРКИ ЖЕЛАНИЙ	19
ОТПРАВКА КОЗЛА К АЗАЗЕЛЮ	23
БЕЛЫЕ ОДЕЖДЫ	25
ВЫПУСТИТЬ КРОВЬ	27
МИР ВАВИЛОНА – ВЕСЬ МИР	31
БЕСКОНЕЧНАЯ ЯРМАРКА ТЩЕСЛАВИЯ	35
ЛУЧШЕ ПРОСТО УМЕРЕТЬ	37
ТАК ИСЧЕЗАЕТ ДЕТСТВО	**39**
СЛЕЗЫ РАДОСТИ В СУДНЫЙ ДЕНЬ	43
ЗАГАДКА КРАСНОЙ КОРОВЫ	45
ИСКУССТВО БЛАГОВОНИЙ	47
ПОСТОЙ НА КАМЕННОМ ПОЛУ	50
РЫЖАЯ КОРОВА И УРАВНЕНИЕ ФУРЬЕ	53
СМЕРТЬ ЗА КАПЛЮ НАСЛАЖДЕНИЯ	55
ДОЖДЯМИ, СОЛНЦЕМ, ТЕНЬЮ И РОСОЙ	58
УМЕРЕТЬ К КОНЦУ ГОДА	61
СВЕТ РАЗОРВАЛ АВИУ И НАДАВА	64
ЖИВОТНЫЕ НЕ ПОМНЯТ РОДСТВА	67
НАГОТА И ОДЕЯНИЯ	70
ЗАПРЕТНЫЕ СВЯЗИ	73
НОВОЕ МЕСТО РАБОТЫ	76
АНТИСИСТЕМА ИСПРАВЛЕНИЯ	80
ПРИШЕЛЬЦАМИ БЫЛИ ВЫ	83

ГЛАВА «БУДЬТЕ СВЯТЫ» — 89

- ЛЮБОВЬ И МИЛОСЕРДИЕ – ЭТО ЗАКОН — 90
- НОВОЕ ЗРЕНИЕ, НОВЫЙ СЛУХ – ВСЕ НОВОЕ — 92
- ЧТО-ТО ЗАОБЛАЧНОЕ… — 94
- МЫСЛЬ – СИЛА. НЕВИДИМАЯ И МОЩНАЯ — 97
- ЧИСТЫЙ РОДНИК ДЛЯ УТОМЛЕННОЙ ДУШИ — 100
- ИДТИ В НАРОД — 102
- КОНЧИЛОСЬ ГОРЮЧЕЕ — 105
- СЯДЕМ РЯДОМ, СЯДЕМ БЛИЗКО — 108
- ПОКОЙ НАМ НЕ СНИТСЯ — 111
- МЫ НЕ ИДОЛЫ — 113
- ТВОРЕЦ ЗАКРОЕТ ЗАНАВЕС — 115
- ГРАНИЦА ВОЗМОЖНОГО — 118
- САМООБМАН, ИЛИ ДОРОГА В АД — 121
- «А ТЫ НЕ ВОРУЙ!» — 125
- ТАК НЕЖНО, КАК С РЕБЕНКОМ… — 128
- ЦВЕТЫ ПОЮТ ПОД МУЗЫКУ — 131
- В ТОРЕ НЕТ ТЮРЬМЫ — **134**
- СУД – ЭТО ЛИШЬ СИСТЕМА КОРРЕКЦИИ — 137
- ПРО СПЛЕТНИ И СПЛЕТНИКОВ — 140
- БРАТ МОЙ – ВРАГ МОЙ — 143
- ЭГОИЗМ ОСЛЕПЛЯЕТ — 148
- ТЕАТР ИЛИ ЖИЗНЬ — 151
- ЧТО-ТО ИЗ ТЕБЯ ПОЛУЧИТСЯ — 153
- ДУХОВНЫЙ СОЦИУМ — 156
- ПОМИДОР ИЛИ ТАБЛИЦА МЕНДЕЛЕЕВА? — 159
- НЕСВОБОДНАЯ ЖЕНЩИНА — 162
- ВСЕ ЗАВИСИТ ОТ НАЛИЧИЯ ДУШИ — **166**
- МИР БЕЗ ГРАНИЦ — 169
- ПОДСТАНЦИИ ВЫСШЕГО СВЕТА — 173
- ЗРЯ Я СТОЛЬКО МУЧИЛСЯ — 175
- РОЖДЕНИЕ ДЕВОЧКИ — 179

В СУББОТУ НАДО СЕРЬЕЗНО РАБОТАТЬ	182
УГРЫЗЕНИЯ СОВЕСТИ ОПАСНЫ	185
ГОЛОВА БЕЛАЯ, КАК ВЕРШИНА ХЕРМОНА	189
ЯД ИЛИ НЕКТАР?	192
ВСЕ МЫ – СГУСТКИ ЖЕЛАНИЙ	195
БОЖИЙ ОДУВАНЧИК И КАББАЛИСТ	199
ОТТОРГНУ ЕГО И ВСЕХ СОВРАЩЕННЫХ	202
ВОЗМОЖНОСТЬ ПРЕСТУПЛЕНИЯ И НАКАЗАНИЯ	**204**
НЕ ТВОЯ ЖЕНЩИНА	209
СМЕРТИ БУДУТ ПРЕДАНЫ ЖЕНЩИНА И СКОТИНА	212
РАСПРАВИТЬ ТВОИ МОЗГИ	**217**

ГЛАВА «СКАЖИ» — **221**

ТВОРЕЦ + ТВОРЕНИЕ = ЛЮБОВЬ	222
И ВОЗЬМИ В ЖЕНЫ ДЕВСТВЕННИЦУ	226
ЗОНТИК БЕЗОПАСНОСТИ	231
НЕПОНЯТНЫЙ ДВОР, НЕПОНЯТНАЯ СЕМЬЯ	**235**
ДВА МИЛЛИОНА УЧЕНИКОВ	240
БЕЗ АНТИСЕМИТОВ МЫ НЕ ПОСТРОИМ ХРАМ	243
ЧЕЛОВЕК КАК ПРОМЕЖУТОЧНЫЙ ЭЛЕМЕНТ	246
РАЗНОЦВЕТНОЕ ЕДИНСТВО	249
НЕ НАШИ ЖЕЛАНИЯ	253
ХАЛАТ С БУБЕНЧИКАМИ	257
ДЕВИЦА ИЗ НАРОДА СВОЕГО	260
БЫК ИЛИ ОВЦА, ИЛИ КОЗА	**264**
НЕОБХОДИМОЕ И ДОСТАТОЧНОЕ	**268**
СВОЕГО БАРАНА – В ИЕРУСАЛИМ	270
ЖИВОТНОЕ ЧУВСТВО – УБЕЖАТЬ!	274
ХЛЕБ – ПИЩА НЕ ЖИВОТНОГО, А ЧЕЛОВЕКА	**278**
ВЛИЯНИЕ ЛИЧНОСТИ И МАСС НА ИСТОРИЮ	**280**
АТТЕСТАТ ЗРЕЛОСТИ, ПОЛУЧЕННЫЙ В ШАВУОТ	284
ТРУБНЫЙ ЗВУК	287
Я МОГУ ТОЛЬКО КРИЧАТЬ	290

СМИРЯЙТЕ ДУШИ ВАШИ…	293
СЕМЬ ГОСТЕЙ И СЕМЬ СВЕТОВ СУККОТА	294
РАЙ В ШАЛАШЕ ДЛЯ ВСЕГО МИРА	298

ПРИЛОЖЕНИЕ	**305**
ОБ ИЗДАНИИ «ТАЙНЫ ВЕЧНОЙ КНИГИ»	306
СОДЕРЖАНИЕ ТОМОВ	306
МИХАЭЛЬ ЛАЙТМАН	307
СЕМЕН ВИНОКУР	307
МЕЖДУНАРОДНАЯ АКАДЕМИЯ КАББАЛЫ	308
УГЛУБЛЕННОЕ ИЗУЧЕНИЕ КАББАЛЫ – ЕЖЕДНЕВНЫЙ УРОК	308
ИНТЕРНЕТ-МАГАЗИН КАББАЛИСТИЧЕСКОЙ КНИГИ	309

Предисловие

Когда мы снимали серию телепередач «Тайны Вечной Книги», мы все время ловили себя на мысли: «Лишь бы не прекращалось это чудо»...

Вот именно для того, чтобы сохранить это ощущение, мы и оставили все, как было.

Вот так, в виде свободной беседы все и происходило.

Мы получали ответы на сложнейшие вопросы.

Перед нами раскрывался волшебный мир Торы.

Точнее сказать, мы впускали ее в себя.

И открывалось нам, что это действительно инструкция, и действительно единственная в своем роде.

В книге все сохранено. И даже личные темы, которые вдруг возникали по ходу беседы, они тоже вошли в книгу.

Дорогие читатели, мы советуем вам, «отпустите весла» и начните сплавляться по этой великой реке жизни, которая называется каббалистический комментарий к главам Торы.

Читайте не торопясь, тогда вы почувствуете неповторимый вкус этой книги.

И захотите прочитать ее еще и еще раз.

У нас надежный проводник. Он чувствует эту реку, как свою, она для него – родная.

Каббалист Михаэль Лайтман раскрывает нам тайны Книги, в которой написано абсолютно все о каждом из нас.

О том, как нам жить.

Как быть счастливыми.

Двинемся же вслед за ним в это увлекательное путешествие!

Семен Винокур, автор и ведущий серии передач с Михаэлем Лайтманом «Тайны Вечной Книги»

Глава
«ПОСЛЕ СМЕРТИ»

ОНИ ОПЕРЕДИЛИ ВРЕМЯ

Мы начинаем новую главу, она называется «После смерти». Это очень важная глава о том, что происходит после смерти сыновей Аарона – Надава и Авиу. Вспомним, что с ними произошло и почему.

Они были умерщвлены, земля их как бы поглотила, потому что они совершили большое прегрешение. Мы должны помнить и понимать, что все, о чем говорится в тексте, который мы читаем, – это процесс исправления. Говорится о внутренних свойствах человека, которые подлежат исправлению – все абсолютно! Есть такие свойства, которые режут и потом съедают. Есть такие, которые сжигают. Есть такие, которые топят, есть – которые душат…

Закапывают, откладывают…

Да, да. Тысяча всевозможных вариантов борьбы с эгоизмом, с эгоистическими желаниями человека. Они описываются как бы в виде внешних действий (хотя это не внешние действия) и такими словами, что страшно становится.

Аарон – это одно из наших внутренних свойств, причем очень высокое; а его сыновья были еще выше Аарона. То есть «сын» – это следующая ступень, более высокая. Так же и рабби Шимон, РАШБИ, который написал Книгу Зоар, и его сын *Эльазар*. Рабби Шимон говорит об исправлении человека, а Эльазар говорит об исправлении всего мира, то есть это – следующая ступень. Сын всегда следует за отцом, но продолжает дальше отца, выше.

Аарон – это очень высокая ступень отдачи и любви, поэтому он называется коэн. И у него два сына – Надав и Авиу, то есть от него исходят две ветви. Считается, что обе эти ветви, соединившись между собой в человеке, могут сделать исправление, что называется, воскурить фимиам – особые благовония…

Войти со своим огнем.

Но это невозможно еще до полного исправления. И потому это свойство в человеке должно быть пока умерщвлено, скрыто, не использовано.

Что значит – войти со своим огнем? Это когда человек уже может сам действовать в свойстве отдачи, то есть получать ради отдачи, взаимодействовать со светом *хохма*. Он сам становится излучателем света. А это невозможно до входа в Эрец Исраэль.

Они опередили время?

Да.

После их смерти Творец рассказывает Моше о законах, которые необходимо выполнить Аарону. Собственно, об этом и повествует глава «После смерти». Здесь рассказывается, как возлагать жребий на двух козлов: одного – умертвить, а другого козла отпустить в пустыню к Азазелю…

Отсюда и появилось выражение «козел отпущения».

Потом говорится о запрете производить заклание животного, не принеся его затем к входу в шатер собрания, «не ходить путями египтян», и также о запрещении всех кровосмесительных связей.

Эта глава очень емкая и интересная. Я выбрал одну цитату из Книги Зоар к этой главе. Написано так:

После смерти сыновей Аарона упрашивал Моше Творца о милосердии. Сказал он: «Если живущие в мире совершат возвращение к Тебе, кем они будут благословляться?» Ответил ему Творец: «Мне ты это говоришь? Скажи Аарону, брату своему, ведь ему поручено благословение наверху и внизу, потому что он является основанием для достижения милосердия».

Это означает, что контакт с Творцом происходит через такую ступень, через такое свойство в человеке, которое называется коэн (Аарон). А благословение – означает нисхождение Высшего света для исправления человека. А каким образом этот свет может нисходить? Конечно, через эту иерархию. По-другому быть не может. Иначе невозможно войти в контакт с Творцом.

Иначе произойдет, как с его детьми, которые сами пошли.

Да. Абсолютно точно.

КРЫШКА И ОБЛАКО

Начинается эта глава со входа в святилище:
/1/ И ГОВОРИЛ БОГ, ОБРАЩАЯСЬ К МОШЕ ПОСЛЕ СМЕРТИ ДВУХ СЫНОВЕЙ ААРОНА, КОГДА ОНИ ПРЕДСТАЛИ ПРЕД БОГОМ И УМЕРЛИ.[1]

«…предстали пред Богом и умерли» – то есть сравнили свои свойства, свои действия с уровнем Творца и отменили их. Увидели, что это невозможно.

---

1 Тора, «Левит», «Ахарей мот», 16:01-16:02.

ГЛАВА «ПОСЛЕ СМЕРТИ»

Это и называется, что они умерли.
/2/ И СКАЗАЛ БОГ, ОБРАЩАЯСЬ К МОШЕ: «СКАЖИ ААРОНУ, БРАТУ ТВОЕМУ, ЧТОБЫ НЕ ВО ВСЯКОЕ ВРЕМЯ ВХОДИЛ ОН В СВЯТИЛИЩЕ ЗА ЗАВЕСУ И НЕ ПРИБЛИЖАЛСЯ К КРЫШКЕ, ПОКРЫВАЮЩЕЙ КОВЧЕГ, ДАБЫ ОН НЕ УМЕР, ИБО В ОБЛАКЕ ЯВЛЮСЬ Я НАД КРЫШКОЙ».[2]

«...чтобы не во всякое время входил в святилище» – что имеется в виду?

То есть – не во всяком состоянии. Потому что время – это состояние. Нет времени в духовном. В духовном крутятся вокруг нас небесные светила, определяя день-ночь и годы.

Имеется в виду: не в любом состоянии он может приблизиться ко Мне, а только тогда, когда находится в четком подобии свойств.

В предыдущих главах говорилось, что когда отложены все мешающие, эгоистические желания, очищены дома и сам человек – он тогда может входить?

Да.

Дальше говорится:
/2/ ...И НЕ ПРИБЛИЖАЛСЯ К КРЫШКЕ, ПОКРЫВАЮЩЕЙ КОВЧЕГ, ДАБЫ ОН НЕ УМЕР, ИБО В ОБЛАКЕ ЯВЛЮСЬ Я НАД КРЫШКОЙ.[3]

Что это такое – крышка и облако?

---

2 Тора, «Левит», «Ахарей мот», 16:02.
3 Тора, «Левит», «Ахарей мот», 16:02.

Сам ковчег – это свойство бины. Это высшее свойство, которое построено полностью на отдаче. Выше его – только свойство любви. Так вот, явление Творца происходит в свойстве отдачи.

Свойство отдачи само по себе генерирует свойство скрытия. Потому что, если я хочу отдавать, значит, я ничего не хочу получать – даже результат своего действия. То есть, если я действительно работаю на отдачу, мне совершенно неважно, что мне будет от того, что я отдаю. Я только хочу отдать – в одну сторону.

И в итоге ничего не остается, кроме того, чтобы работать в скрытии. Я скрываю себя, – и тогда Творец приближается ко мне. Я раскрываю себя, то есть свои свойства, я желаю получить что-то от этого – Творец отдаляется от меня. Точно по формуле подобия свойств: Он – полная отдача, я – полное получение. Насколько я могу выстроить в себе свойство отдачи, в такой мере мы сближаемся с Ним.

Поэтому приближаться надо к крышке (к экрану), которая скрывает всё...

Крышка – это экран?

Да. И приближаться к ней можно, только генерируя в себе все время свойство отдачи и приближая себя все более к подобию общему свойству отдачи и любви, чем является Творец. Потому что сказано: «Возлюби ближнего как себя» и «Я – Бог». То есть это равноценные вещи: «Возлюби ближнего как себя» равно «Я – Творец, Я – Бог».

Когда человек работает так с окружающим миром на свойство отдачи, тогда он и раскрывает Творца, и Творец приближается к нему в облаке, в скрытии, но это скрытие уже эманирует взаимные свойства с человеком. Это уже своего рода контакт.

Почему он появляется в облаке над экраном, над крышкой, и между двумя крувим (ангелами, как говорится)?

Это значит, между двумя свойствами – в третьем, в средней линии.

Когда ты работаешь и со свойством получения – твоим исконным свойством, и со свойством отдачи, которое ты получил, – когда ты работаешь между ними, над своим эгоизмом, над всеми своими желаниями, тогда ты таким образом создаешь условия для раскрытия Творца. Он оседает в тебя, Он наполняет тебя. Как облако наполняет долину, так Творец наполняет человека, душу человека, и происходит постепенное-постепенное раскрытие Творца в человеке.

И раскрытие Творца происходит именно *в* человеке. Это не то, что нам кажется, что мы видим, чувствуем что-то вне себя. Мы чувствуем это внутри себя! То есть мы меняемся, и наши новые свойства и качества дают нам ощущение соединения с Творцом. Раскрытие Творца и единение с Творцом, ощущение Его в себе – это одно и то же действие. Оно не может произойти вне тебя, оно происходит только в тебе.

Поэтому наука каббала называется внутренней Торой. А о Торе говорится, как о вкусах Торы, то есть ты должен это внутри себя ощущать как определенного вида наполнение: знанием, постижением, ощущением бесконечности, вечности, гармонии и так далее.

Эти два крувим, как бы два ангела – вся работа между ними? Правая и левая линия?

Да, эти две линии даются сверху, Творец указывает: «Сделай!» – а третью линию ты должен делать сам.

ДВА КОЗЛА, ДВА ЖРЕБИЯ

Пойдем дальше. Мы приблизились к двум таинственным козлам:

/7/ И ВОЗЬМЕТ ДВУХ КОЗЛОВ, И ПОСТАВИТ ИХ ПРЕД БОГОМ У ВХОДА В ШАТЕР ОТКРОВЕНИЯ. /8/ И ВОЗЛОЖИТ ААРОН НА ОБОИХ КОЗЛОВ ЖРЕБИЙ: ЖРЕБИЙ ОДИН ДЛЯ БОГА, И ЖРЕБИЙ ДРУГОЙ ДЛЯ АЗАЗЕЛЯ. /9/ И ПРИВЕДЕТ ААРОН КОЗЛА, НА КОТОРОГО ВЫПАЛ ЖРЕБИЙ ДЛЯ БОГА, И ПРИНЕСЕТ ЕГО В ГРЕХООЧИСТИТЕЛЬНУЮ ЖЕРТВУ. /10/ А КОЗЛА, НА КОТОРОГО ВЫПАЛ ЖРЕБИЙ ДЛЯ АЗАЗЕЛЯ, ПУСТЬ ОСТАВИТ ЖИВЫМ ПРЕД БОГОМ, ЧТОБЫ СОВЕРШИТЬ ЧЕРЕЗ НЕГО ИСКУПЛЕНИЕ, ОТПРАВИВ ЕГО К АЗАЗЕЛЮ, В ПУСТЫНЮ.[4]

Что это за два козла? Что такое – жребий возложить на козлов?

Эта та же внутренняя духовная работа человека по выявлению в себе всевозможных свойств, их анализу и выявлению: что можно исправлять, а что нельзя, на что у меня есть силы… То есть сил, вообще-то, у меня нет никаких, – есть только возможность просить у Творца.

«Ну, я попрошу!» – так не годится. Могу ли я на самом деле попросить избавления от таких свойств? Не просто: «Я прошу – и избавь меня». Это должно быть

---

[4] Тора, «Левит», «Ахарей мот», 16:07-16:10.

очень внутренне переработано в человеке, очень серьезно, очень осознанно. Он должен это всё переживать как свое личное.

Он не может сказать: «Я хочу это исправить или это исправить». Ты можешь попросить исправить такие свои свойства, которые тебе очень-очень дороги, от которых ты не можешь никак избавиться. Ты ни в коем случае не хотел бы расставаться с ними, как, допустим, мать со своим младенцем. Представляешь, какое состояние?!

И когда не в состоянии человек сам избавиться от этого, тогда он и просит Творца. Просит, чтобы Творец избавил его от такого дорогого человеку свойства не ради себя, а для полной отдачи себя другим. Это можно сравнить жертвоприношением, это действительно жертва, которую приносит человек.

Самая близкая.

Самая близкая – то, что он не в состоянии сделать. И он поднимается на такой уровень, когда он просит, чтобы это сделал Творец, потому что он – не в состоянии.

Это вещи, которые, выявляются в течение долгого периода. Человек проходит очень серьезные внутренние состояния, он взвешивает в себе все возможности: правильно ли он делает это или неверно, как может он поступиться этим и так далее. Мы говорим об этом, как о вещах само собой разумеющихся, – на самом деле это невероятно, невероятно сложно!

В итоге в человеке происходит такое разделение эгоистического свойства, когда действительно, часть он может отдать Творцу, а часть не в состоянии – и это, как бы, два козла.

Как он их разделяет?

Одного он приносит в жертву, а второго отпускает. То есть он **пока** как бы отпускает его. Это очень трудно объяснить, что значит, отпускает к Азазелю, нечистым силам... Эта грань определяется на каждой ступени, и она необходима для того, чтобы двинуться вперед, именно отталкиваясь от этого нечистого козла и принося в жертву чистого.

Так человек движется вперед. Наше движение всегда построено на двух составляющих: от чего-то я отталкиваюсь, а к чему-то приближаюсь. То есть оттолкнуться от этих желаний, отказаться от них, не работать с ними никак, не наслаждаться ими, не реализовывать их — для меня намного труднее, чем приносить в жертву вторую половину желания.

Сначала необходимо определить, какие желания двигают меня вперед, а с какими я должен расстаться — я должен их как бы отбросить в пустыню, в сторону, где я ими больше пользоваться никогда не буду. А они очень мне дороги, я благодаря им существую, они наполняют меня. Как я могу расстаться с ними? И здесь происходит такое движение внутри человека, очень трагическое, я бы сказал: он должен оттолкнуться от предыдущих желаний — это называется «отправить их в пустыню».

Нечистые желания?

Да. Он должен проанализировать в себе, какие же — чистые, и все их исправить на свойства отдачи и любви — это значит принести их в жертву. Очень непростое действие. Это выявление, постоянное выявление в себе такого движения вперед. Оно проявляется в результате серьезного, очень непростого анализа.

ГЛАВА «ПОСЛЕ СМЕРТИ»

Человек в нашем мире практически не находится в таких состояниях – как загнанный в угол, когда он не знает, что делать и как, и куда! Только в таких состояниях давления ты можешь прийти к выявлению этих желаний, свойств, к этому анализу, к разделению их между собой. И когда уже они будут полностью отсортированы, тогда уже определить, какие же из них являются козлом для приношения в жертву, а какие являются козлом для отправления его в пустыню к Азазелю. Чтобы не использовать их больше.

Отправляешь «в пустыню» – потому что ты не можешь ничего с ними сделать. Не можешь с ними никак работать. Эти желания настолько большие, но ты с ними должен расстаться. Они – настолько огромные, что принести их в жертву, работать с ними правильно на отдачу ты не можешь.

Пожертвовать этим ради Творца ты еще не можешь.

РАЗБОРКИ ЖЕЛАНИЙ

Дальше продолжается разговор об этих желаниях. Говорится, что никто не должен быть в Шатре Откровения, когда Аарон входит туда для искупления. Когда выходит к жертвеннику, он начинает кропить кровью все четыре угла жертвенника.

/18/ ...И ОБМАЖЕТ ЕЮ ВОЗВЫШЕНИЯ ПО УГЛАМ ЖЕРТВЕННИКА СО ВСЕХ СТОРОН. /19/ И ОКРОПИТ ЕГО КРОВЬЮ ПАЛЬЦЕМ СВОИМ СЕМЬ РАЗ, И ОЧИСТИТ ЕГО ОТ НЕЧИСТОТЫ СЫНОВ ИЗРАИЛЯ, И ОСВЯТИТ ЕГО.[5]

---

5   Тора, Левит, Ахарей мот, 16:18-16:19.

И дальше он снова возвращается к этим же желаниям – к оставшемуся козлу искупления, к живому.

/20/ И, ЗАКОНЧИВ ОЧИЩЕНИЕ СВЯТИЛИЩА, И ШАТРА ОТКРОВЕНИЯ, И ЖЕРТВЕННИКА, ПОДВЕДЕТ ОН КОЗЛА ЖИВОГО. /21/ И ВОЗЛОЖИТ ААРОН ОБЕ РУКИ СВОИ НА ГОЛОВУ ЖИВОГО КОЗЛА, И ИСПОВЕДУЕТСЯ НАД НИМ ВО ВСЕХ ПРОВИННОСТЯХ СЫНОВ ИЗРАИЛЯ, И ВО ВСЕХ ПРЕСТУПЛЕНИЯХ ИХ, И ВО ВСЕХ ГРЕХАХ ИХ, И ВОЗЛОЖИТ ИХ НА ГОЛОВУ КОЗЛА, И ОТОШЛЕТ ЕГО С НАРОЧНЫМ В ПУСТЫНЮ. /22/ И ПОНЕСЕТ НА СЕБЕ КОЗЕЛ ВСЕ ПРОВИННОСТИ ИХ В СТРАНУ ОБРЫВОВ; ТАК ОТПРАВИТ ОН КОЗЛА В ПУСТЫНЮ.[6]

/26/ ЧЕЛОВЕК ЖЕ, КОТОРЫЙ ОТВОДИЛ КОЗЛА К АЗАЗЕЛЮ, ДОЛЖЕН ВЫМЫТЬ ОДЕЖДЫ СВОИ И ОМЫТЬ ТЕЛО СВОЕ В ВОДЕ, И ЗАТЕМ МОЖЕТ ВОЙТИ В СТАН.[7]

Тут целая история. Говорится о работе над этими желаниями, которые он отправляет, – настоящая работа коэна.

Очень высокая работа, и это выявление всех наших свойств, желаний, побуждений, разума, мыслей, – это тяжелая работа, – с чем мы можем работать на отдачу и любовь к ближнему, а с чем – нет. Всё только относительно этого выявляется. И здесь человек находится действительно в очень непростых выявлениях того, что происходит.

То есть мы должны и здесь достичь уровня коэна для того, чтобы разделить эти желания.

---

6   Тора, Левит, Ахарей мот, 16:20-16:22.

7   Тора, Левит, Ахарей мот, 16:26.

Каждый из нас! Не говорится о ком-то: Тора обращается к одному человеку. Только об одном человеке говорится.

Никто за меня это не будет делать?

Нет, это я включаю в себе все эти действия, и весь мир включен в меня. И я в себе должен отградуировать, выделить все эти части, о которых здесь говорится. Я не говорю просто о мире – я говорю о том, что я в себе из своих исправляющихся желаний должен постепенно построить.

Я выхожу из Вавилона как человек, который желает достичь смысла жизни. И я иду в землю Кнаан и выявляю в себе все свои желания, все свои мысли, все свои побуждения.

А затем в этой земле Кнаан внутри все начинает бурлить, и мое состояние затаскивает меня в эгоистический омут – это значит, что я спустился в Египет. И потом я из состояния Египет вырываюсь. Я не знаю, каким образом вырваться вперед... Все время необходимо держать направление только на «возлюби ближнего».

И чего я в итоге достигаю, когда начинаю так воевать с самим собой – со своим эгоизмом (фараоном) и со своим альтруизмом (Моше и Аароном)? Что в итоге? Выхожу в какую-то пустыню. Вдруг падаю в какую-то пустоту. И что в этой пустоте?

А в пустоте мне говорят: «Собери все свои желания, с которыми, по-твоему, ты сможешь идти вперед. И если все-все они могут быть собраны тобою вместе, тогда ты можешь начать получать на них Высший свет. И этот Высший свет поведет тебя вперед, ты сможешь двигаться в этой пустыне». И вот я уже прохожу в эту пустыню, и сейчас мы идем по ней.

Самое главное – это маленькое побуждение, которое было у меня у меня в Вавилоне, постепенно обрастало огромным эгоизмом и только сейчас в пустыне начинает исправляться. Вавилон – это как бы зачаток, всего лишь мысль, цель. Эгоизм, который во мне возник, – это египетское изгнание в течение 400 лет. А теперь в пустыне я работаю с этим эгоизмом, огромным четырехступенчатым, я с ним работаю над тем, чтобы привести его в состояние – не отдачи и любви, а в начале к нейтральному состоянию: я не хочу быть внутри эгоизма, я хочу быть над ним.

Эгоизм – как огромный черный шар, и мне необходимо под воздействием света ломтик за ломтиком постепенно осветлять его – это и есть выявления моего отношения к эгоизму – 40 лет движения в пустыне.

И каждый раз я выявляю такие многогранные вещи – не просто «да или нет». Есть такие, о которых можно сказать: да, эти новые желания я сейчас выявил на каком-то этапе моего пути в пустыне, и я могу быть над ними, чтобы совершенно никакие их эгоистические наполнения меня не тревожили. И в них начинает проявляться свет и такие большие наслаждения(!), а я – выше них, направлен только на отдачу, вне себя. Есть такие, которые я знаю точно, что с ними я не справлюсь. И тогда я как бы отсылаю их в пустыню. То есть я еще не строю из этой пустыни свой дом, свое общежитие, – не могу еще, часть моего эгоизма остается пустыней.

Очень красиво! Получается, что всё мое движение сейчас, после выхода из Египта до эрец Исраэль, – в этом разделении, отделении, и в работе над эгоизмом?

Да. Будем двигаться в пустыне.

ОТПРАВКА КОЗЛА К АЗАЗЕЛЮ

Мы говорили о духовном проходе человека, о том, как он разделяет желания отдачи и желания получения. Есть еще несколько вопросов.

Что такое живой козел, который отправляется в пустыню? Это желание, с которым я не могу работать на отдачу и должен пока отправить его от себя? Что это – когда Аарон накладывает обе руки на голову живого козла?

Он как бы завладевает мыслями козла.

А того, второго козла – убивают. Это – эгоистические желания человека на животном уровне, они поднимаются до уровня «человек».

А тот козел, которого отправляют, но живого?
/21/ И ВОЗЛОЖИТ ААРОН ОБЕ РУКИ СВОИ НА ГОЛОВУ ЖИВОГО КОЗЛА, И ИСПОВЕДУЕТСЯ НАД НИМ ВО ВСЕХ ПРОВИННОСТЯХ СЫНОВ ИЗРАИЛЯ...[8]

Это козел отпущения. Его отпускают в пустыню. Они не могут исправить эти желания. И эти желания как бы отпускаются.

Но это тоже наложение рук и тоже как бы владение его мыслями?
Да, эти мысли мы еще не в состоянии облагородить до возможности работать на других.

До чистого состояния.

---

8   Тора, Левит, Ахарей мот, 16:21.

/22/ И ПОНЕСЕТ НА СЕБЕ КОЗЕЛ ВСЕ ПРОВИННОСТИ ИХ В СТРАНУ ОБРЫВОВ; ТАК ОТПРАВИТ ОН КОЗЛА В ПУСТЫНЮ.[9]

Что это такое – страна обрывов? Я думал, что может быть это ошибка в переводе…

Не ошибка. Отправляют его в места, где он обычно погибает естественно. Это не тот дикий козел, который родился в пустыне и может там жить. Я говорю с земной точки зрения, - его просто отправляют в пустыню. Это, конечно же, наши желания, которые нами отвергнуты для использования, они считаются как бы мертвыми. Но мы сами не можем их умертвить, а именно сама пустыня… Мы запрещаем себе ими пользоваться, как бы наполняем их пустотой, – от этого они, в итоге, умирают. А потом происходит воскрешение мертвых – желаний.

Именно желаний. Это надо помнить, чтобы не думать о другом. Козла уводит какой-то человек. Здесь сказано: /26/ ЧЕЛОВЕК ЖЕ, КОТОРЫЙ ОТВОДИЛ КОЗЛА К АЗАЗЕЛЮ…[10]

Да, посыльный. Именно он должен отвести козла далеко в пустыню и оставить там. И затем он приходит обратно, омывает себя, потому что был связан с нечистыми силами и с той пустыней. И внутренне человек, после того, как он отталкивает от себя все эти непригодные для правильного использования желания и мысли, то есть отправляет их в пустыню, после этого он должен очиститься сам. Это происходит под воздействием света хасадим – воды.

---

9   Тора, Левит, Ахарей мот, 16:22.
10   Тора, Левит, Ахарей мот, 16:26.

Это такое сильное желание, которое может отвести в пустыню и вернуться обратно?

Это отторжение, это внутреннее расставание с огромными сильными желаниями, которое может сделать только коэн, и после коэна – только специальный человек, которому это поручают. Это требует огромного внутреннего напряжения человека.

БЕЛЫЕ ОДЕЖДЫ

После всего этого вдруг снова говорится о шаббате, хотя об этом уже говорилось всё время при выходе из Египта…

Как будто повторение, никому ненужное, лишнее. Это повторение подчеркивает, что все наши действия мы производим только для того, чтобы прийти к состоянию полного исправления, которое называется «шаббат». И в народе, когда говорится «шаббат», имеется в виду прекращение всякой работы, когда все исправлено и ничего не надо больше делать.

И здесь эти исправленные состояния присовокупляются к прошлым исправленным состояниям и, в итоге, собираются в общую копилку, которая, в конечном счете, даст нам состояние «шаббат».

Но после каждого действия каждая ступень тоже заканчивается таким состоянием, которое называется «шаббат». Почему? Потому что, если мне дали исправить 20 килограммов моих желаний на отдачу и любовь, – я пришел к полному исправлению этой части, этой «посылки», и потому я вхожу в состояние «шаббат». Но это временно.

А когда я полностью исправил всю свою душу, тогда я прихожу уже к состоянию «большой шаббат» – окончательному состоянию.

То есть можно сказать, что сейчас была проведена работа по отделению этих желаний – этих козлов: одного на отдачу, а другого отправить – и после этого приходит шаббат. И так происходит на каждой ступени?

Да.

Вот говорится так:

/29/ И ДА БУДЕТ ЭТО ДЛЯ ВАС ВЕЧНЫМ УСТАНОВЛЕНИЕМ: В СЕДЬМОЙ МЕСЯЦ, В ДЕСЯТЫЙ ДЕНЬ МЕСЯЦА, СМИРЯЙТЕ ДУШИ СВОИ И НИКАКОЙ РАБОТЫ НЕ ДЕЛАЙТЕ, НИ ЖИТЕЛЬ СТРАНЫ, НИ ПРИШЕЛЕЦ, ЖИВУЩИЙ СРЕДИ ВАС. /30/ ИБО В ЭТОТ ДЕНЬ ИСКУПЯТ ВАС ДЛЯ ОЧИЩЕНИЯ ВАШЕГО: ОТО ВСЕХ ГРЕХОВ ВАШИХ ПРЕД БОГОМ ОЧИСТИТЕСЬ ВЫ. /31/ ЭТО СУББОТА ПОКОЯ ДЛЯ ВАС, ЧТОБЫ СМИРЯЛИ ВЫ ДУШИ СВОИ; ЭТО УСТАНОВЛЕНИЕ ВЕЧНОЕ.[11]

Говорится о Дне Искупления – Йом Кипур. Так и сказано: «День Искупления – капара». И раз в год происходит такое знаменательное событие. То есть год – шана (от слова «лешанен» – кругооборот, обращение).

При этом человек достигает полного исправления и заканчивает все свои расчеты: все, что мог исправить – исправил, а то, что не мог исправить, – отправил от себя подальше, не будет этим пользоваться. И на сегодняшний день он чист, поэтому представляет собой сейчас определенно духовную структуру. Поэтому в нашем мире

---

11   Тора, Левит, Ахарей мот, 16:29-16:31.

по традиции одеваются в белые одежды – как символ чистоты.

А дальше происходит повторение ...

Естественно. Потому что до полного исправления нам придется еще много раз повторять эти все циклы.

После шаббата в следующей части этой главы говорится:
/1/ И ГОВОРИЛ БОГ, ОБРАЩАЯСЬ К МОШЕ, ТАК: /2/ «ГОВОРИ ААРОНУ И ВСЕМ СЫНАМ ИЗРАИЛЯ И СКАЖИ ИМ: ВОТ ЧТО ПОВЕЛЕЛ БОГ СКАЗАТЬ: /3/ ВСЯКИЙ ЧЕЛОВЕК ИЗ ДОМА ИЗРАИЛЯ, КОТОРЫЙ ЗАРЕЖЕТ БЫКА, ИЛИ ОВЦУ, ИЛИ КОЗУ В СТАНЕ, ИЛИ ЗАРЕЖЕТ ИХ ВНЕ СТАНА, /4/ А КО ВХОДУ В ШАТЕР ОТКРОВЕНИЯ НЕ ПРИНЕСЕТ ДЛЯ ЖЕРТВОПРИНОШЕНИЯ БОГУ ПЕРЕД ШАТРОМ БОГА, – ТО КРОВЬ ВМЕНЕНА БУДЕТ ТОМУ ЧЕЛОВЕКУ В ВИНУ: КРОВЬ ПРОЛИЛ ОН, И ОТТОРГНУТ БУДЕТ ЧЕЛОВЕК ТОТ ИЗ СРЕДЫ НАРОДА СВОЕГО.[12]

Это значит, что он использует эгоистические желания – для себя. Альтруистические – значит, на отдачу, другим, на связь. И поэтому кровь будет на нем.

ВЫПУСТИТЬ КРОВЬ

Говорится дальше:
/5/ ДАБЫ ПРИНОСИЛИ СЫНЫ ИЗРАИЛЯ ЖЕРТВЫ СВОИ, КОТОРЫЕ ОНИ РЕЖУТ НА ПОЛЕ, И ПРИНОСИЛИ БОГУ КО ВХОДУ В ШАТЕР ОТКРОВЕНИЯ, К КОЭНУ,

---

12   Тора, Левит, Ахарей мот, 17:01-17:04.

И ПРИНОСИЛИ БЫ ИХ В ЖЕРТВЫ МИРНЫЕ БОГУ. ... /7/ И ЧТОБЫ НЕ РЕЗАЛИ БОЛЕЕ ЖЕРТВ ДЕМОНАМ, ЗА КОТОРЫМИ ОНИ БЛУДНО ХОДЯТ. УСТАНОВЛЕНИЕМ ВЕЧНЫМ ПУСТЬ БУДЕТ ЭТО ДЛЯ НИХ ВО ВСЕ ПОКОЛЕНИЯ ИХ.[13]

Как раз говорится, что любые желания, чтобы их освятить, нужно приносить к входу в шатер.

Доводить желания до уровня коэна, поднимать до уровня коэна. И только тогда можно их освящать, только тогда можно ими пользоваться, потому что использование их будет уже на отдачу и любовь.

То есть я не могу их использовать в своей еде, допустим, если я их не донес до этого уровня...

Пища – это то, чем ты оживляешь себя (или эгоистическими, или альтруистическими действиями).

Дальше говорится снова о крови, все время возвращение к крови.

Это основа живого организма, с одной стороны, а с другой стороны, «дам» – от слова «домэм», то есть самая нижняя часть желания.

И говорится так:

/10/ И ВСЯКИЙ ЧЕЛОВЕК ИЗ ДОМА ИЗРАИЛЯ И ИЗ ПРИШЕЛЬЦЕВ, ЖИВУЩИХ МЕЖДУ НИМИ, КОТОРЫЙ БУДЕТ ЕСТЬ КАКУЮ-НИБУДЬ КРОВЬ, – ОБРАЩУ ЛИЦО МОЕ НА ТОГО, КТО ЕСТ КРОВЬ, И ОТТОРГНУ ЕГО ИЗ СРЕДЫ НАРОДА ЕГО. /11/ ПОТОМУ ЧТО ДУША ТЕЛА – В КРОВИ ОНА, И Я ПРЕДНАЗНАЧИЛ ЕЕ ВАМ

---

13   Тора, Левит, Ахарей мот, 17:05,17:07.

ГЛАВА «ПОСЛЕ СМЕРТИ»

ДЛЯ ОКРОПЛЕНИЯ ЖЕРТВЕННИКА ВО ИСКУПЛЕНИЕ ДУШ ВАШИХ, ИБО КРОВЬ ЖИЗНЕННОЙ СИЛОЙ ИСКУПАЕТ.[14]

И написано вот что еще:
/13/ И ВСЯКИЙ ЧЕЛОВЕК ИЗ СЫНОВ ИЗРАИЛЯ И ИЗ ПРИШЕЛЬЦЕВ, ЖИВУЩИХ СРЕДИ ВАС, КОТОРЫЙ, ОХОТЯСЬ, ПОЙМАЕТ ЗВЕРЯ ИЛИ ПТИЦУ, ПРИГОДНУЮ В ПИЩУ, ДОЛЖЕН ВЫПУСТИТЬ КРОВЬ ЕЕ И ПОКРЫТЬ ЕЕ ЗЕМЛЕЙ. /14/ ИБО ДУША ВСЯКОГО СУЩЕСТВА – ЭТО КРОВЬ ЕГО.[15]

«Кровь», «душа», «выпустить кровь» – объясните, если можно, еще раз, что имеется в виду.

Кровь – это живительная сила организма. Весь вопрос в том, что мы должны использовать те свойства в организме, которые можем поднять на отдачу. Кровь мы при этом использовать не можем. То есть мы отталкиваемся от самой нижней части наших желаний, которые олицетворяет собой кровь, – мы должны ее выпустить из организма. Я уже не говорю о том, что надо резать по определенному закону определенные виды животных, то есть определенные виды наших желаний.

Выбирая в себе различные виды желаний, мы видим, что неживые и растительные – слабенькие желания, и их можно употреблять на отдачу сравнительно просто, – они незначительные. Животные желания – очень тяжелые, поэтому мы ощущаем себя внутри животного тела, мы видим себя такими. Мы не видим в себе растительные состояния или неживые состояния.

---

14 Тора, Левит, Ахарей мот, 17:10-17:11.
15 Тора, Левит, Ахарей мот, 17:13-17:14.

Хотя они есть?

Конечно. Только они заслоняются нашим животным желанием как превалирующим над остальными, более низкими. Когда мы выявляем в себе животные состояния, у нас возникает огромное количество проблем, потому что мы с ними ассоциируемся: я и они – это одно и то же.

Как их отделить от человека во мне? Как можно к состоянию «человек» поднять эти животные желания? Убей своего животного, употреби его в пищу для человека, чтобы человек его потреблял, уровень человека, чтобы поднялся над уровнем животного.

Что ты можешь для этого сделать? Каким образом ты можешь проанализировать правильно, произвести разделение между всеми животными желаниями: какие ты можешь вознести к уровню «человек» и какие не можешь? Из чего ты можешь создать этот образ – «человек», который вырастет из зародыша, который дан тебе свыше? А вся остальная подкормка идет снизу – от животных желаний.

Ведь человек чем отличается в нашем мире от животного? Той точкой в сердце, тем зерном, которое образует его собственное «я». Я – подобный Творцу, поэтому называется Адам (домэ – подобный Творцу), а если нет, то – животное.

Вся наша проблема в этих, так называемых, жертвоприношениях: брать части от наших неживых, растительных и в основном животных желаний и постоянно возносить их до уровня «человек». То есть мы их должны убивать на животном уровне, на котором они существуют, и возносить на уровень «человек», чтобы человек в нас питался этими желаниями, преобразовывал их в свою духовную работу.

ГЛАВА «ПОСЛЕ СМЕРТИ»

Говорится, что ты их должен вознести к тому месту, где ты можешь принести жертву.

Жертва – «курбан» от слова «каров», что значит, приближение к Творцу, сближение с Ним.

Кровь – это самые низкие желания: когда человек убивает животное, вся кровь должна вытечь, и человек должен ею окропить четыре угла, то есть четыре стадии, полное свое желание по приношению себя до возвышения Творца. Все желания человека в итоге должны пройти это преобразование и подняться до уровня Великого коэна, и только тогда человек считается полностью исправленным. Тогда считается, что он создал из себя человека.

А вообще в природе существует только три состояния: неживое, растительное и животное. А человек – это то, что ты из себя создаешь, его в природе не существует. Если бы кто-то посмотрел на нас и на животных со стороны, он сказал бы, что мы те же животные, только модифицированные и не более того. И неизвестно, в какую сторону произошла эта модификация: если рассматривать наше отношение друг к другу, то мы, конечно, намного хуже животных.

В этом и заключается все жертвоприношение.

МИР ВАВИЛОНА – ВЕСЬ МИР

Кровь – домэм – это неживая часть?

Это самая нижняя часть животного организма.

Мы говорили, что кожа на человеке – самая грубая часть желаний. То же самое можно сказать и о крови?

Да.

Написано: если в поле поймаешь птицу или животное, нужно кровь ее выпустить и накрыть землей. Что такое «поле»?

То же, что и пустыня. Ты находишься в состоянии, когда совершенно не можешь определить, где ты находишься: твои желания еще абсолютно не проанализированы тобой, не прошли никакого выяснения.

Это и называется «я нахожусь в поле»?

Да.

А дикое поле?

Это состояние, когда человек еще совершенно не управляет своими желаниями, не знает их – только начинает их выявлять. И действует тогда, как охотник, то есть ловит то, что есть.

Но в те времена охоты практически не было. Люди в основном, занимались земледелием и животноводством (очень рано начали приручать животных, очень рано).

Все было устроено очень просто: была домашняя скотина и землепашество. Не промышляли никакими кореньями, плодами диких деревьев или охотой на диких животных. Такой уклад установился еще по выходу из Вавилона – стада ягнят и всё прочее. В Вавилоне тоже не было охоты – была только рыбная ловля.

Но это касалось круга Авраама, потому что Нимрод был охотником.

Это не было средством существования людей. Они занимались землепашеством и рыболовством. Там и земля была такая – сплошной чернозем между Тигром и

Евфратом! И огромное изобилие воды, изобилие рыбы. Вот этим они и жили.

Я хочу коснуться еще одного отрывка:

/1/ И ГОВОРИЛ БОГ, ОБРАЩАЯСЬ К МОШЕ, ТАК:[16] /2/ «ГОВОРИ СЫНАМ ИЗРАИЛЯ И СКАЖИ ИМ: Я – БОГ, ВСЕСИЛЬНЫЙ ВАШ. /3/ ПО ОБЫЧАЯМ СТРАНЫ ЕГИПЕТСКОЙ, В КОТОРОЙ ВЫ ЖИЛИ, НЕ ПОСТУПАЙТЕ, И ПО ОБЫЧАЯМ СТРАНЫ КНААН, В КОТОРУЮ Я ВЕДУ ВАС, НЕ ПОСТУПАЙТЕ, И ПО УСТАНОВЛЕНИЯМ ИХ НЕ ХОДИТЕ. /4/ МОИ ЗАКОНЫ ИСПОЛНЯЙТЕ И МОИ УСТАНОВЛЕНИЯ СОБЛЮДАЙТЕ, ЧТОБЫ ХОДИТЬ ПО НИМ: Я – БОГ, ВСЕСИЛЬНЫЙ ВАШ. /5/ СОБЛЮДАЙТЕ ЖЕ УСТАНОВЛЕНИЯ МОИ И ЗАКОНЫ МОИ, ИСПОЛНЯЯ КОТОРЫЕ, ЧЕЛОВЕК ЖИВЕТ ИМИ. Я – БОГ.[17]

Да. Ни в коем случае не должен человек использовать свои эгоистические желания – не из Вавилона, не из Кнаана, где он был, не из Египта, где он был, и не из Кнаана, в который он скоро должен вернуться. Если он будет правильно использовать все свои желания, будет подниматься до уровня бывшего Кнаана, но с исправленными желаниями, взятыми из Египта, – исправляемыми постепенно, – тогда он из этого Кнаана будет создавать землю Израиля, то есть все его желания будут направлены уже к Творцу – на отдачу.

Сегодняшний материальный мир весь живет по законам Вавилона, по законам Египта, по законам Кнаана, но ни в коем случае не по законам Израиля, Эрец Исраэль.

---

16   Тора, Левит, Ахарей мот, 18:1.
17   Тора, Левит, Ахарей мот, 18:2-18:5.

Человечество сделало круг, выйдя из Вавилона и снова вернувшись. К чему сейчас все идет? Человечество живет по законам, по которым запрещено жить. Почему не происходит раскрытия?

Происходит раскрытие!

Происходит раскрытие для единиц, не происходит раскрытия для человечества.

Нет, нет! Для человечества происходит раскрытие той бездны эгоистической, в которой мы находимся, осознание точки невозврата к чему-то доброму, хорошему, если оно когда-то было. Но когда-то оно было, потому что эгоизм был меньше, потому и говорят о «добрых старых временах».

Ностальгические воспоминания.

Но если мы посмотрим, как было 50 лет назад, то увидим, что люди были менее эгоистичны: они удовлетворялись меньшим и было приятно общаться друг с другом, не уединялись каждый за своим компьютером. У них не было этих крайностей, которые есть сегодня. Было все намного проще, конечно.

Но к этому возврата нет – и не надо! Нам надо идти вперед. Но самое главное – надо научиться постигать причину проблем, которые в нас возникают: они находятся только в эгоизме человека и нигде больше. Мы должны все-таки распознать этот эгоизм как зло.

ГЛАВА «ПОСЛЕ СМЕРТИ»

БЕСКОНЕЧНАЯ ЯРМАРКА ТЩЕСЛАВИЯ

Но мы, и весь мир, и народ Израиля включительно, сделали этот круг – снова вернулись туда же, живя по тем же законам Египта, Вавилона.

Мир никуда не уходил: из Вавилона разошелся во все стороны и везде образовал тот же Вавилон, и ничего другого. Сегодня мы вернулись к тому же маленькому Вавилону, но в мировом масштабе. И снова мы стоим перед этой «Вавилонской башней», огромной, эгоистической, которая на нас давит, убивает, губит, и мы не знаем, что делать.

Вы имеете в виду все человечество?

Все человечество во главе с его предводителями – просто не знает, что делать. И должен появиться какой-то новый Авраам, который сможет начать призывать к себе и говорить: «Все, кто не согласен с происходящим, – ко мне! Давайте выйдем из этого состояния. Не уйдем куда-то физически, а поднимемся из этого состояния – над ним, – морально, духовно! И начнем что-то с этим делать! Строить совершенно новую землю, новое небо, – все новое над нашим постылым и просто ужасающим состоянием».

Я надеюсь, что такой человек появится. Мы должны готовить ему почву, насколько можем.

Действительно, по логике всего движения на каждом эгоистическом скачке являлся лидер, который вел народ.

Мы находимся в очень интересном историческом состоянии. И в этом состоянии нам надо удобрить почву для следующего поколения.

Вы в этом видите свою задачу?

Думаю, что я что-то для этого делаю, иначе не было бы смысла жить.

То есть должен появиться лидер физический?

Я думаю, что да. Надеюсь, мои ученики вместе смогут на новом этапе проявить себя как единый лидер. Я не думаю, что это будет один человек. Может быть, в каком-то образе, но в принципе, это должно быть нечто большое, коллективное.

Но вы видите это физическое проявление?

Одного человека – я не знаю, а группу – да, группу – несомненно. Я думаю, что это будет группа моих учеников.

Изменятся состояния, изменятся ощущения мира, его отношение к себе, к тому, как он существует. Мы видим, насколько всё сегодня становится достоянием гласности, все понимают, что весь этот мир построен на лжи, что никакой правды здесь искать нельзя, что никто не прав и никто не виноват – это просто наша природа нас таким образом крутит, и мы находимся на какой-то «ярмарке тщеславия», и ничего другого.

В какой-то момент мы окончательно это осознаем, и внешние обстоятельства, которые мы сами на себя вызываем, на нас будут давить, и Высший свет проявит в нас наши настоящие внутренние эгоистические проблемы. И мы увидим, что выхода нет, тогда мы заметаемся из угла в угол, но не сможем себя никак найти. Сказано: «Вечером будешь думать: "Когда наступит утро?". А утром будешь думать: "Когда придет вечер?"»

Но это будет уже, наверное, после нас.

А мы должны на это работать.

ГЛАВА «ПОСЛЕ СМЕРТИ»

ЛУЧШЕ ПРОСТО УМЕРЕТЬ

В главе «Ахарей мот» – «После смерти» говорится о Дне Искупления – Йом Кипур.

Что значит искупление? Это, когда человек ощущает, что он, действительно, провинился в чем-то перед кем-то. В чем может быть решение его проблемы, почему он приходит с повинной?

День – имеется в виду состояние человека. И не обязательно оно наступает в день Йом Кипур – речь не о дате – это просто состояние человека.

Это состояние проявляется во мне в результате большой внутренней работы, самоанализа, когда я себя всего переворачиваю и начинаю исследовать: что там у меня в моем «болоте». Все поднимается снизу наверх, и я смотрю на это другими глазами. Проблема в том, что человек себя постоянно оправдывает, он ничего не видит за собой. «Да, так, все как у всех, ну, поймите меня, гражданин начальник, гражданин судья…»

Но когда он посмотрит на себя истинными глазами, отстраненно, тогда просто – лучше умереть.

В этот день он не ищет оправдания?

Да. Это ужасное состояние, оно случается много раз, поэтапно, в тех людях, которые желают в своем постижении взойти до уровня раскрытия Творца. Это последовательные состояние, когда есть осознание зла при его полном раскрытии, а затем понимание того, как с этим работать, как искупить, как исправлять.

Почему говорится «хазара бэ тшува» – «возвращение к ответу». Как же можно исправиться? Как можно вернуться по оси времени, вернуться назад? Это возможно, когда человек берет все свои прошлые – даже не действия сами по себе, потому что они уже сделаны, они уже проявлены, они уже закреплены, они уже словно готовая фотография, – он берет те желания, свойства, с которыми он в тот момент произвел неправильное действие, и исправляет эти желания и свойства. И в них получает новую ступень.

Получается, что невозможно подняться на любую духовную ступень без анализа, раскрытия в себе этих диких желаний, без видения, что ты их прошел неправильным путем. Сколько ты всего наделал в мире, и ты за это готов сгореть от стыда. И ты начинаешь понимать, что это не ты, а тебе специально «подставил подножку» Творец, и ты благодаришь Его за то, что Он тебе такое сделал, потому что этим Он раскрыл в тебе зло.

Ты просишь на это зло воздействие Высшего света, так называемый, «ор макиф». Свет исправляет эти свойства и желания, в которых человек согрешил. И ты с новыми исправленными свойствами начинаешь действовать правильно. Вот это называется «хазара бэ тшува» – «возвращение к ответу».

Ты получаешь ответ на свой вопрос – «что я наделал?» Вот тебе и ответ: «Ты ничего не сделал, тебе так специально сделал Творец, чтобы ты прошел все эти состояния и оценил разницу между первоначальным состоянием и новым. Первоначальное состояние создано Творцом в тебе – «Я создал злое начало». А теперь ты попросил переделать это злое начало на доброе.

Потенциальная разница между этими двумя уровнями – это и есть мощь твоей новоявленной сейчас, новорожденной души. И в него ты получаешь раскрытие Творца.

Вы рассказали план Дня Искупления?

День Искупления заканчивается лишь на том, что ты раскрываешь в себе эти свойства, не исправляя их. После этого еще начинается так называемое объятие слева, справа и начало взаимодействия со светом, которое называется духовным соитием, объятием.

И этот свет начинает в тебя входить и работать над тобой, он начинает тебя постепенно-постепенно улучшать, возвышать до уровня Ханука, когда ты становишься, так называемым, «хафэц хэсэд». То есть ты не желаешь работать со своими прошлыми желаниями – свойствами – потому что ты видишь, что они все пагубны. И, начиная с Хануки и до Пурима, ты уже начинаешь их исправлять так, чтобы это злое начало не стало нейтральным, а обратилось в доброе. Вот так идем вперед.

ТАК ИСЧЕЗАЕТ ДЕТСТВО

И цепочка праздников – это проход этого состояния?

Праздники символизируют эти действия в душе у каббалиста. Потому что действительное исправление возможно только с помощью каббалы, потому что она притягивает свет. Поэтому каббала называется «внутренняя часть Торы» или Торат ор – Тора света, потому что именно Высшая энергия, которая называется светом, может изменить все наши свойства.

Мы с вами еще обязательно поговорим подробно о праздниках. У меня такое ощущение, что все надуманные праздники падут.

Так и сказано: кроме одного – кроме Пурима. А зачем другие праздники? Если будет все исправлено, то останется только Пурим – как окончательно исправленная душа, полностью наполненная Высшим светом, явлением Творца в себе.

Я-то думал, что сначала падут все надуманные праздники материального мира…

До тех пор пока мы не достигнем полного исправления, наш мир будет продолжать существовать в том виде, в котором мы его сейчас ощущаем, он никуда не уйдет.

Мы будем обязаны существовать в таком состоянии, которое отключено от духовного состояния, чтобы в него можно было все время входить, выходить, переносить в духовные состояния частички наших желаний, исправленные – неисправленные, сортировать, выбирать. До тех пор, пока не будет создана полностью исправленная душа. И тогда не останется в нашем мире никаких неисправленных желаний, и поэтому не в чем нам будет ощущать то неисправленное состояние, которое называется наш мир, вот и все.

И он исчезнет?

Он просто исчезнет, потому что не останется таких желаний. Как исчезает детство. Какая разница между мной сегодняшним и мной, допустим, 60 лет назад? 60 лет назад у меня были другие желания, и в тех желаниях то, что я ощущал, называлось «7–8-летний мальчик», ощущавший свое детство.

Желания изменяются, – этот мальчик превращается в мужчину (меняется только внешность, внутренне это тот же мальчик), и я вижу мир другим, себя другим. То есть меняются мои желания, они постепенно в течение жизни проходят какое-то исправление, какое-то движение, и мир в моих глазах меняется.

А потом эти желания переходят на другую ступень, то есть прекращается видение этого мира.

Написано в «Большом комментарии»:
В первый день месяца нисана, после гибели Надава и Авиу, Ашем велел Моше предостеречь коэнов, чтобы они не входили в Святилище иначе, как выполняя то или иное служение. Даже Аарону, хоть он и был первосвященником, разрешено было входить в Святая Святых только в Йом Кипур и лишь для того, чтобы исполнить там предписанное служение.[18]
Только один день.

Не надо было ничего делать. Потому что Святая Святых — так называется полностью очищенное от эгоизма кли. Сосуд внутри человека. В нем ничего не может быть: пыли не может быть, никто не залетит, никаких мышей там быть не может, ничего чистить не надо. Заходишь — все готово, свежий воздух, все чисто, ничего не изменилось. Это такое чистое исправленное состояние, что ты его можешь достичь всего лишь раз в год. И только если ты достигаешь ступени Высшего Коэна.

Аарон заходит туда. И больше никому не разрешено туда заходить. Потому что они не чисты до такого состояния?

Больше нет таких желаний в человеке — переведем это на язык каббалы. Нет больше таких желаний в человеке, которые могут достичь такого уровня, если достигают,

---

18   Мидраш рассказывает. Недельная глава Ахарей Мот.

то они называются «Коэн а-Гадоль» (Большой Коэн), и тогда человек может в таком состоянии войти в Кодэш Кодашим (в Святая Святых).

«Святая» – так называется свойство отдачи. В свойстве отдачи есть две ступени: первая ступень называется «хасадим», вторая ступень называется «хохма». Когда человек не желает использовать свои эгоистические желания, это называется «святость». Когда он желает даже свои бывшие эгоистические желания использовать еще и на отдачу, это называется «Святая Святых»! Вот когда достигают такого уровня – это Коэн Гадоль в Святая Святых.

Этот каббалистический словарь очень точно все объясняет. Вот надо так и преподать каббалу.

Все равно по дороге все узнается, раскроется…

Когда я начал заниматься каббалой, я записывал каждое слово РАБАШа, все, что он говорил, спрашивал, делал!.. И я видел, с каким презрением он к этому относится: «Ну чего там?.. Ну, сказал тебе, не сказал…»

Вы подходили, как научный работник.

Да, да. А он был прав, потому что если человек идет по дороге, то это все раскроет, все увидит, услышит, узнает – это никуда не денется. Это свойство духовных ступеней – каждая раскрывается, и человек начинает это видеть, слышать, понимать.

Вы говорите, а у меня внутри все замирает, я думаю: какое открытие для меня! Вот о Святая Святых вы сказали просто, вроде слышал, и вдруг сейчас – раз, открытие. Все сложилось в одно простое объяснение.

ГЛАВА «ПОСЛЕ СМЕРТИ»

СЛЕЗЫ РАДОСТИ В СУДНЫЙ ДЕНЬ

Почему Святая Святых в квадрате? Это то, что мы с вами изучаем. Использование Гальгальты Эйнаим называется «Святая», а вместе к ней и АХАПа называется «Святая Святых» – полный парцуф. Полное и очищенное кли.

Дальше говорится вот что:
Моше, который занимал наивысшую духовную ступень, было даровано особое положение. Творец сказал ему: «Ты можешь входить в Святая Святых всякий раз, когда пожелаешь говорить со Мной. Когда бы ты ни вошел, жаждая услышать Мое слово, Мой Глас раздастся между херувимами и дойдет до ушей твоих.[19]
Моше разрешено заходить в любой момент.

Да, потому что он находился на средней линии между двумя херувимами – крувим – между двумя этими силами – правой и левой линией, он находился точно по ней, он находился на уровне «Моше». Это действительно такой уровень, когда он постоянно находился в состоянии Святая Святых – для него был постоянно Йом Кипур.

Можно сказать: «Минуточку, Йом Кипур – это когда человек плачет над тем, что обнаруживает в себе». Так что, этот несчастный Моше все время плакал? И просил все время?

Нет. Он был в состоянии, когда был этому рад. Йом Кипур, на самом деле, это день веселья, а не плача. Народ просто не понимает, в чем дело.

Да, народ страдает и плачет в полной мере.

---

19   Мидраш рассказывает. Недельная глава Ахарей Мот.

Да. Если же я иду вперед и горю желанием раскрыть в себе отрицательные свойства, которые изначально Творец создал мне (это не я, а Он создал), и я Его заранее об этом уже прошу: «Давай, я найду, давай я попрошу, давай Ты во мне исправишь, я буду ближе, ближе к Тебе, я хочу сделать этим Тебе приятное: отдача, всеобщая любовь», – тогда для меня это – восхождение, вдохновение.

И в таком случае этот день превращается в слезы радости, это просто состояние постоянного восторга! Такое состояние – это и есть день двойной святости, двойной отдачи. Когда не только мои отдающие желания, но и мои получающие желания работают на отдачу. Это уровень Моше.

А для Аарона это только раз в год. Остальным – даже не приближаться. И это свойство в человеке.

Мы все должны достичь уровня Моше? Каждый должен достичь такого счастья, слёз радости?

Да, каждый человек должен достичь уровня Моше.

Подготовка к Йом Кипуру во времена Храма была такая:

Готовиться к этому самому святому дню года начинали за неделю, и все это время первосвященник жил в Храме, в особом помещении. **За семь дней он должен был очиститься и подготовиться к службе.**[20]

Поясните внутренний смысл подготовки первосвященника к Йом Кипуру.

Семь дней – это семь ступеней, когда человек поднимается до уровня ГАР – до верхней части системы. Есть

---

20 Мидраш рассказывает. Недельная глава Ахарей Мот.

хэсэд, гвура, тифэрэт, нэцах, ход, есод, малхут – 7 ступеней сверху вниз. Человек должен подняться от малхут до хэсэд – до верхней ступени снизу вверх. И эти 7 ступеней – это и есть 7 дней. Это и есть неделя.

Поднявшись до этой ступени, человек уже готов. И там происходит очень много действий, которые надо выполнить.

Но на третий и седьмой день из этих подготовительных дней есть странные действия…

Естественно, что на третий. Хэсэд, гвура, тифэрэт – средняя линия. Это всё мы изучаем. И на седьмой день – то же самое: нэцах, ход, есод – средняя линия, и переходит в малхут – последняя сфира, седьмой день, самая главная сфира.

ЗАГАДКА КРАСНОЙ КОРОВЫ

Вот что здесь происходит – самое интересное:
На третий и седьмой из этих подготовительных дней первосвященника окропляли водой, в которой был растворен пепел рыжей телицы на тот случай, если он, сам того не зная, сделался нечистым, прикоснувшись к трупу.[21]

Что это за пепел рыжей телицы?

Красной коровы. О-о-о! Это тайна. Надо оставить что-нибудь такое – святое.

Я скажу только в общем, что это за свойство. Ни о какой корове, конечно, речи нет. Корова – это травоядное,

---
21 Мидраш рассказывает. Недельная глава Ахарей Мот.

мирное, доброе животное. Это нормальное свойство в человеке, и его надо объяснить отдельно.

В принципе, если бы мы не приручили корову, мы не стали бы теми людьми, которыми мы сегодня являемся.

Каждая корова – это просто завод по производству продуктов питания: это мясо, молоко и множество продуктов из них. Люди не отдают себе отчета в том, что благодаря коровам человечество смогло освободиться от огромного количества проблем – забот о пище.

Но что олицетворяет собой корова? В ней есть свойства левой линии и правой линии. Правильное сочетание этих свойств…

Я поясню: молочное производство и мясное производство.

Да. Как бы белое и красное (молоко и мясо).

Есть такая корова, такие свойства, когда можно использовать правую линию и левую линию для того, чтобы исправлять неисправленные части души. Потому что под коровой подразумевается свойство бины… Нет, я еще не нашел русской лексики для этого объяснения.

Красная корова – потому что в ней, в свойстве бины, раскрывается свойство «диним» – судов. И если они белеют, то это правильно. А если нет – то наоборот, могут покраснеть…

Получается, что корова - это соединение правой и левой линии. А пепел – что такое?

Пепел – «афар» – это самое низшее свойство. А когда бывшие высшие свойства падают в низшие, только тогда они могут исправиться. Поэтому как бы бросают пепел красной коровы…

ГЛАВА «ПОСЛЕ СМЕРТИ»

Дальше сказано:

Санхедрин посылал к первосвященнику мудрецов, чтобы они дали ему наставления о служении в Йом Кипур. Они читали ему отрывки из раздела Ахарей Мот, в которых говорится о служении в Йом Кипур и о порядке действий в Йом Кипур.[22]

Проблема в том, что нельзя представлять себе это в картинках: сидит Великий Коэн, старик, а вокруг него бегают его прислужники, машут опахалами и кричат ему в ухо, читают эти тексты. Попробуй перевести это в духовную картину!

А что – приходят мудрецы к первосвященнику и читают ему, пока он не выучит все это наизусть? Там даже дописано так.

Это крайне сложно перевести в образы этого мира, поэтому самая последняя ступень духовного мира преобразилась в такой отпечаток, который мы ощущаем в виде нашего мира. И в нашем мире нам рассказывается в образах этого мира о духовный состояниях.

ИСКУССТВО БЛАГОВОНИЙ

Тогда объясните, что такое «приходящие к первосвященнику мудрецы», которые ему читают?

Это части его души, которые исправляются и дают центральной точке этой души, которая называется Коэн а-Гадоль. Ведь мы же говорим не о людях.

---

[22] Мидраш рассказывает. Недельная глава Ахарей Мот.

Мы говорим о свойствах. Вот эти свойства начинают соединяться вместе, как центр группы, и они поднимают тогда качество этой группы до уровня, когда их центральная точка, называемая Великий Коэн, может контактировать с Творцом.

И они поднимают его как представителя к Творцу?
Да. Он – не человек, и они – не люди. Это просто желания человека, которые таким образом собираются! На этом уровне они называются «коэнами», и он называется «Коэн а-Гадоль» (Великий Коэн).

Мы говорили о подготовке к Йом Кипуру. Существует канун этого праздника, что там происходит?
В канун Йом Кипура перед первосвященником проводили всех жертвенных животных, а он запоминал их, чтобы суметь распознать при совершении службы.[23]
Перед ним проходят все эти животные желания?
Да, и он их все осознает, распознает и понимает, что он должен их поднять до уровня Святая Святых. То есть до полной отдачи. Человек проводит анализ.

Дальше.
Поутру наставлявшие его мудрецы уходили, и их место занимали опытные коэны, упражнявшиеся с ним в искусстве перекладывать благовония из ложки в ладонь — одном из самых трудных действий, которые первосвященник должен был совершать при служении в Святая Святых в Йом Кипур.[24]

---

23 Мидраш рассказывает. Недельная глава Ахарей Мот.
24 Мидраш рассказывает. Недельная глава Ахарей Мот.

ГЛАВА «ПОСЛЕ СМЕРТИ»

Из ложки переложить в ладонь – что это значит?

Ложка – это кли, находящееся на неживом уровне. А ладонь – это кли, находящееся на уровне человека.

Желание получать?

Да. Поднять на такой уровень благовония (благовония – это отражающий свет, это ор хозэр, это то, что ты возносишь к Творцу), поднять на такой уровень – тяжело.

Мое желание отдачи, которое является благовонием, я поднимаю...

Ты должен включить совершенно другие свои желания на отдачу – те, которые раньше никогда не использовал. То есть пойти на такие жертвы в своем эгоизме, которые казались раньше невозможными. Это тяжелая работа.

В нашем мире иногда такие незначительные действия – самые тяжелые во внутреннем исполнении.

Я могу предположить, что мое использование было как бы из ложки, правильно?

Представь, что я тебе сейчас даю полстакана воды. А как я это могу дать в духовном? Я должен сделать на себя сокращение, полное исправление, подняться над всеми желаниями, которые у меня есть к этому стакану воды, исправить их на «хафэц хэсэд» (на первую ступень – на святость), и потом исправить их на вторую ступень (Святая Святых), и только потом я могу тебе его отдать.

Ты понимаешь, в чем проблема! Что в нашем мире это все рядом, а в духовном мире – это десятки, десятки лет трудной работы и сотни ступеней. Внутренне, не внешне...

Поэтому мы находимся в таком мире и в таком состоянии, в котором якобы можем выполнять духовные действия. Если бы мы и это не могли выполнять, мы бы не смогли вообще существовать. Поскольку мы можем их выполнять, благодаря этому мы вообще сосуществуем.

А в духовном – пока самые внутренние твои желания не будут готовы сделать так – ты не в духовном.

ПОСТОЙ НА КАМЕННОМ ПОЛУ

Дальше вот что говорится:

Во времена Второго Храма в канун Йом Кипура каждый год повторялась одна и та же горестная сцена:

Перед уходом мудрецы восклицали: «Досточтимый первосвященник, мы посланцы Верховного Суда, а ты – наш и его представитель. Заклинаем тебя Тем, Кто обитает в этом Доме, ни на йоту не менять порядок, которому мы обучили тебя!» [25]

И дальше, как вы говорили, были слезы – и с той, и с другой стороны. То есть они как бы его продвигали к этому дню, который назрел…

Частные желания человека уже готовы к тому, чтобы собраться всем вместе и выдвинуть свою сумму, свое общее желание как единое устремление к единению с Творцом. И это состояние называется – вхождение его в место, которое называется Святая Святых, в состоянии, когда он называется Коэн а-Гадоль (Великий Коэн), и в день, который называется Йом Кипур.

---

25 Мидраш рассказывает. Недельная глава Ахарей Мот.

И тогда, включая все эти три состояния – олам, шана, нэфэш (мир, год, душа), – когда происходит полное собрание всех этих свойств вместе, тогда и возникает этот контакт с Творцом – раскрытие Творца человеку. И каждый должен достичь этого состояния.

И это канун Йом Кипура? И существует еще ночь Йом Кипура. Я зачитаю маленький отрывок.
В ночь Йом Кипура первосвященник бодрствовал, читая главы Танаха (из Иова, Эзры, Диврей аямим и Даниэля).[26]
Ему не давали спать. Если он начинал дремать, то молодые коэны будили его, щелкая пальцами. Если же он уставал, то ему говорили, чтобы он немного постоял на полу (каменный пол в Храме был всегда прохладным).
Все уважаемые люди Иерусалима тоже бодрствовали в эту ночь, так что первосвященник мог слышать городские шумы, и это помогало ему не смыкать глаз.[27]
Это реальная картина? Что такое помощь, чтобы он не спал?..

Это его личные желания, которые должны в это время действительно бодрствовать, потому что от правильного состояния, соединения между ними в одну единую систему зависит состояние, которое называется Коэн а-Гадоль – их общее свойство.

И когда они достигают такого состояния, тогда получается готовность их совокупного свойства (Коэн а-Гадоль) к новому действию. Возникает духовное состояние,

---

26 Мидраш рассказывает. Недельная глава Ахарей Мот.
27 Мидраш рассказывает. Недельная глава Ахарей Мот.

которое называется «утро», и состояние окружающее... Существует внутреннее состояние человека и внешнее состояние, которое он строит из своих же желаний и которое называется Святая Святых.

То есть все объемы, внутренние части человека, сам человек, внешние одеяния человека и все, что его окружает, – это все является нашими желаниями, которые соединяются между собой определенным образом. Они собираются в картину, которая описывается, как Храм, коэны, которые помогают Великому Коэну, Святая Святых, ложки благовония, всякие соединения и его одеяния и внешнее состояние, утро и вход Великого Коэна в Святая Святых, и его работа в нем. Это все – собрание всех свойств человека в такую картину.

То есть мы говорим не о картине, которую рисуют нам каббалисты, а говорим о том, что я должен сделать внутри, чтобы эта картина во мне образовалась. Есть экран компьютера, на котором видна картина (но эта картина внешняя), а я сам являюсь компьютером и определяю, какие во мне должны быть свойства, соединения, чтобы внутри себя я эту картину создал.

Тогда это будут мои свойства, а не просто демонстрация чего-то чужого.

Картина серьезная, и она гораздо красивее этих материальных описаний. Не то, что красивее – она очень чувственная.

РЫЖАЯ КОРОВА И УРАВНЕНИЕ ФУРЬЕ

Мы не выяснили до конца, что же такое пепел красной коровы? Не помню точно кто из царей – Давид а-Мелех, или Шломо а-Мелех, говорили, что в этом есть великая тайна, и они также затруднялись это объяснить.

Тайна состоит именно в трудности объяснить смысл этого выражения.

Представь, что ребенок у тебя спрашивает: «Что такое бином Ньютона?». Допустим, мой пятилетний внук услышал слова «бином Ньютона» или «уравнение Фурье». Он может думать, что это какой-то новый вид мороженого. Для ребенка важно только то, что можно пощупать и попробовать. Как ему объяснить? Для него это настолько абстрактная вещь, что объяснить: для чего, зачем, где применяется, кто такой Ньютон, что такое бином – невозможно.

Так и с пеплом рыжей коровы. Намного труднее человеку понять определения, которые объясняют это понятие, чем само понятие.

Приведу пример. Все слышали о Перельмане, который доказал теорему Фурье. Так вот самая большая трудность заключалась в правильном подходе к теореме. Была написана целая математическая книга, которая была предисловием к доказательству этой теоремы.

Но доказательство теоремы может занять несколько страниц...

Да. Но подход к ней, то есть выбор инструмента, с помощью которого решается эта проблема – целая книга.

Сама ступень – она ясная, и понятно, что происходит, но объяснить это нашим языком невозможно, потому что для этого надо изучить эту книгу-предисловие, чтобы на последней страничке увидеть, что все очень просто объясняется.

Так же и у нас. Проблема объяснения во внутренней части Торы, которая называется «тайная», потому что для человека она – тайная, как для ребенка бином Ньютона.

Но когда-нибудь мы начнем постигать эту тайну?

Пока даже самые простые вещи я не могу объяснить, потому что еще не хватает для этого потребностей. Невозможно объяснить ребенку, что такое логарифм или алгоритм, потому что в его мире этого нет.

И все-таки есть люди, которые это воспринимают, правда, как правило, чисто механически. Они становятся учеными в своей области, двигаются, используя эти инструменты, но внутренне – не воспринимают. Потому что, если мозг развивается, не требуя для этого порывов сердца – даже на эти алгоритмы, даже на эти логарифмы, даже на бином Ньютона, – если ты внутренне, в кишках своих, его не ощущаешь, а решаешь чисто механистически – ты находишься на уровне ученого нашего мира.

Если ты не можешь постичь бином Ньютона или ряд Фурье, возможно, это не потому, что у тебя нет головы. Просто твоя голова должна работать только вместе с сердцем. Ты должен внутренне почувствовать: что же оно соединяет, где же происходят эти события, о чем тут говорит математика? Только после того, как ты будешь все это ощущать в чувствах, после этого ты откроешь – о! вот это бином Ньютона, вот такая-то теорема. Тогда ты будешь работать на внутреннем уровне, и ты сможешь раскрывать – раскрывать миры.

ГЛАВА «ПОСЛЕ СМЕРТИ»

А иначе ты будешь только пользователем этого аппарата и не более того.

Это и называется «настоящий ученый», в высоком смысле этого слова?

Да, настоящий ученый – тот, который внутри себя создает модель и живет ею. Для него все эти уравнения, цифры – внутренняя боль, в нем это вот так работает. А если все происходит только в голове – не в сердце одновременно, – то это техник.

Есть такие ученые?

Бывают.

СМЕРТЬ ЗА КАПЛЮ НАСЛАЖДЕНИЯ

Вернемся к Йом Кипуру, о нем вот что сказано:
Во времена Второго Храма большинство первосвященников умирало в течение года после Йом Кипура.
Чтобы быть достойным войти в Святая Святых, первосвященник должен был сперва очиститься, достигнув отрешенности от всех земных устремлений.
Большинство первосвященников, служивших во Втором Храме, покупали свою должность взятками. Они никогда не достигали того духовного уровня, который требуется для входа в Святая Святых, и поэтому происходившая там встреча с Божественным проявлением – была для них смертельной.
...при этой встрече не присутствовал никто, даже ангелы, ибо в *Святая Святых* воцарялся в тот момент дух

самой высочайшей святости.[28]

Такое падение, которое произошло во времена Второго Храма, – что это?

Это то, что мы называем еще и разбиением сосудов. Присутствие Высшего света, свойства отдачи и любви, которое входит в какой-то непонятный как бы(!) контакт, (как бы – потому что не может быть контакта), но как бы контакт, – со свойством эгоистического получения ради себя, и – происходит аннигиляция. Свет исчезает. А то желание, которое так страстно желало этого света эгоистически (даже, может быть, не осознавая своего эгоизма) – оно не могло против него устоять. Поэтому, когда свет приходил, погибал и этот процесс, и Коэн а-Гадоль. Его вытаскивали оттуда, из этого места обратно – за веревку. Ведь туда, на этот уровень, запрещено было заходить всем…

Вы рассказывали, что его привязывали?

Да, ему привязывали веревку к ноге – так рассказывается.

Зная, что он там умрет?

Да, это было понятно. Но ему было всё равно. Вкусить этой сладости на одно мгновение! Я не могу от этого отказаться! Без этого вся моя остальная жизнь ничего не стоит! Я открываю рот, получаю эту каплю яда, – на самом деле это капля света, но для меня, эгоиста, она – капля яда, – и на этом умираю.

---

28 М. Вейсман, «Мидраш рассказывает», Ахарей мот, Служение в Йом Кипур.

Такие вещи происходили естественным образом и в нашем мире. Мы вполне можем представить себе такое в нашем мире. Мы можем привести человека к состоянию, когда за каплю наслаждения он отдаст свою жизнь! Он просто теряет рассудок! Потому что свет наслаждения больше разума – это называется потеря рассудка. И тогда он ради этого наслаждения идет на всё. А что после этого будет? В этот момент я умру, но зато я почувствую наслаждение.

Невероятно!

Так устроено! Происходит состязание сердца и мозга. Наслаждение – сердце, мозг – разум. Если наслаждение превышает разум, работает оно, и больше ничего.

Это наслаждение превышало разум для первосвященника, который дал взятку? Он понимал, на что идет, но все равно делал этот шаг?

Он не мог удержаться! Ведь вся его подготовка сводилась к тому, что он покупал сан за деньги, а не за свои усилия. А значит, у него не хватало экрана – инструмента для получения света ради отдачи. За деньги купил! Если бы он приложил усилия вместо денег, то тогда бы выполнил всю духовную работу, поднялся бы на тот уровень, где мог бы соединить себя с Высшим светом. И это касается любого из нас.

Поэтому после крушения Второго Храма, когда мы упали до нашего мира, – с нашего места и наверх может быть только один ход. Если человек не достоин подняться на следующую ступень, он ее не достигает. Во времена Первого и Второго Храма это можно было сделать, потому что было нисхождение сверху вниз, а в нашем случае – только подъем снизу вверх.

То есть в нашем мире существует этот запрет: мы не войдем (не поднимемся на следующую ступень) пока не будем готовы?

Ни к какой духовной ступени невозможно даже прикоснуться, пока не будет готовности. Поэтому сегодня науку каббала можно раскрывать кому угодно! Никто ничего с ней не сделает, ничего не узнает, никак не использует…

А раньше нельзя было раскрывать?

Раньше было нельзя. Был свет, и человек мог его как бы коснуться, потому что происходило сверху нисхождение света – сверху вниз.

ДОЖДЯМИ, СОЛНЦЕМ, ТЕНЬЮ И РОСОЙ

Я еще хочу спросить вас по поводу текста молитвы, которую возносил первосвященник в Йом Кипур. Текст молитвы такой:

Да будет Твоя воля, Творец, чтобы сей год благословлен был многими дождями, солнцем, тенью и росой. Да будет он годом благоволения Небес, годом благословения, дешевизны, достатка, успеха в делах; годом, когда люди Твоего народа, Израиля, не будут ни зависеть друг от друга, ни господствовать друг над другом.[29]

Что же он просит?

---

[29] М. Вейсман, «Мидраш рассказывает», Ахарей мот, Служение в Йом Кипур.

ГЛАВА «ПОСЛЕ СМЕРТИ»

Попробуем перевести это всё в обычный формат. К Творцу не возносятся молитвы, в которых наш эгоизм будет чувствовать себя просто, комфортно. Возносятся такие молитвы, то есть просьбы, которые говорят о том, что мы просим исправить себя. Вот под исправлением себя и подразумевается получение всех этих благ.

Потому что Высший свет стоит над нами и готов полностью нас наполнить: как корова, которая разрывается от избытка молока и желает накормить теленка больше, чем теленок желает молока. Но дело в том, что не готовы мы получить это изобилие Высшего света. Поэтому, когда мы говорим «дай нам» и того, и этого, то в духовном мире, во внутреннем свойстве под «дай нам» подразумевается исправление. Подразумевается получение Высшего света, наполнения – ради отдачи.

Но это вполне определенная просьба:

Чтобы …дождями, солнцем, тенью и росой… стал этот год. Да будет он годом благословения Небес, годом благословения, дешевизны, достатка, успеха в делах; годом…

Подразумевается – «Дай мне возможность сделать экран, чтобы я мог получить наполнение ради Тебя». Вот и всё.

Потому что Йом Кипур – это действительно исправление желаний, выявление желаний на получение ради отдачи, не на отдачу ради отдачи, а на получение ради отдачи. Реализуются они потом: отдача ради отдачи – в Хануку, а в Пурим – уже получение ради отдачи.

Вернемся к молитве. Удивительно, что сначала идет такая материальная просьба «дешевизны, достатка, успеха в делах…» и потом вдруг говорится:

…когда люди Твоего народа, Израиля, не будут ни зависеть друг от друга, ни господствовать друг над другом. Это переход в другое русло, на уровень народа Израиля? Это приближение к принципу «возлюби ближнего как самого себя»?

Для того чтобы подойти к состоянию «Йом Кипур», мы должны выполнить все условия, которые нам даны при получении Торы. То есть выяснить все 613 (*тарьяг*) наших желаний, все их исправить, подняться таким образом до уровня великого коэна и, будучи на этом уровне, раскрывать в себе самые низшие желания. Потому что на них можно получить Высший свет и поднимать их до уровня великого коэна, то есть до уровня, когда малхут мира Ацилут поднимает свои желания до ГАР мира Ацилут, до Арих Анпина. Это называется состояние «Йом а-Кипурим»: выявление всех желаний, которые потом проявятся и получат свое наполнение в Пурим – ке пурим, кепурим.

Это огромная ступень, это великий Высший свет, который сейчас начинает светить на все твои желания, просвечивает всю твою душу. Ты начинаешь понимать, что ты должен с этим сделать. Это очень серьезная работа. **Она** производится под воздействием Высшего света в группе, в учебе, направленная правильно с помощью учителя. То есть это подготовка к духовной ступени.

Ни в коем случае не надо представлять себе этот процесс, происходящим будто бы в какой-то определенный день, в каком-то Храме, на какой-то горе, в Иерусалиме…

Это всё – внутренние свойства человека, которые таким образом он должен постичь в себе, раскрыть, овладеть ими и стать, действительно, на ступень великого коэна.

И все это заключается в просьбе: ...ни зависеть друг от друга, ни господствовать друг над другом?
Да. Это и есть свойство слияния. Самое главное, к чему приводят все эти исправления, – это к точке единства. И именно в этой точке единства ощущается связь с Творцом. Только когда мы достигаем единства, начинаем ощущать: единый раскрывает Единого.

УМЕРЕТЬ К КОНЦУ ГОДА

Я хочу вернуться к одной теме из «Большого комментария». Поясните ее, пожалуйста: речь идет о двух козлах. Мы говорили о них, как о желаниях, которые разделяются: один – приносится в жертву (его берут себе), а второго посылают в пустыню к Азазелю.
Об этом козле, которого посылают к Азазелю в пустыню и который искупает весь народ Израиля, говорится вот что:
К Йом Кипуру заранее готовили человека, который отведет козла, предназначенного для Азазеля, в пустынную землю и сбросит его там со скалы. *Творец* **обещал, что через это служение будут искуплены грехи всей общины Израиля.**
Тот, кто отводил козла в пустыню, обычно не доживал до конца года, и потому это поручение давали тому человеку, которому суждено было умереть в этом году.
Первосвященник до тех пор не мог покинуть внутрен-

ний двор и продолжить службу, пока козел не оказывался в пустыне. ...

Во времена, когда еврейский народ был народом праведников, о прибытии козла в пустыню узнавали еще и по тому, что багряная нить, привязанная ко входу в Святая Святых, становилась белой.

Этот человек – это желание, которое, так или иначе, должно было умереть к концу года?

И это хорошо, что он умирает! Он при этом возносится еще выше!

Благодаря своей смерти?

Именно благодаря тому, что от имени всей общины, то есть от имени всех своих желаний, он выявляет такие желания, которые невозможно исправить, а можно только умертвить это состояние. Он сбрасывает его с вершины в своих ощущениях, в своих оценках, по шкале своих ценностей сбрасывает с вершины вниз, потому что иначе он исправить их не может – поэтому он умирает, потому что исправить их он не может.

Выбираются такие свойства человека, которые соответствуют животному свойству, так называемому козлу. И человек не исправлен, и козел не исправлен! И не могут они дополнять друг друга. Состояние, которое называется «животное в нас», исправляется только тем, что мы сбрасываем его с вершины и разбиваем эти желания. А состояние, которое называется «человек в нас», благодаря этому, впоследствии умирает. То есть неисправленная часть в нас – это есть тот, кто должен умереть в течение этого года. Его смерть – она благо для него, это награда! Он – это состояние в нас – умирает, и мы, таким образом, возвышаемся!

Это радость, это ощущение исправления, освобождения от таких эгоистических желаний, которые иначе нельзя было бы исправить!

Это необходимо понять. Такая красивая картина, хотя выглядит она каким-то древним варварским обычаем. А почему первосвященник ждал, пока наши желания – этот козел в человеке – не разобьются? И пока красная нить не станет белой?

Потому что тогда все свойства диним – суды – обращаются в свойство милосердия.

И этим искупаются грехи народа?

Искупаются. Мы освободились от таких желаний. Весь народ посылает этого козла – и в нем все наши желания, чтобы их сбросили и разбили. И таким образом получаем вместо Божьего суда Божье благословение.

В этом вся подготовка к Йом Кипуру?

Да.

И еще один вопрос: в названии Йом Кипур (День Искупления) существует слово «пур» (жребий), и как вы говорили, в Пуриме – в конечном исправлении, тоже заключено слово жребий. Почему «жребий»?

В нашем мире мы воспринимаем это неправильно. Как будто мы в цирке действуем с какими-то фокусниками. А на самом деле, под словом жребий имеется в виду отсутствие моего собственного выбора. Я пробую, требую, прошу, ставлю себя в положение, когда свыше получаю такое состояние, чтобы Творец выбрал мою судьбу вместо меня. Пур от слова *«гораль»* – судьба.

То есть я не полагаюсь на себя, я иду с закрытыми глазами, полностью полагаясь на следующую ступень, на свет, на Творца, которые меня ведут. Потому что идти по духовным ступеням и достичь состояния, как «кипур» и «пур», «пурим», возможно только если мы идем верой выше знания. Только так это работает: движение «верой выше знания» является нашим основным движением.

СВЕТ РАЗОРВАЛ АВИУ И НАДАВА

В завершающей части главы «Ахарей мот» – «После смерти» – дается целый ряд законов, запрещающих кровосмешение. Мы поговорим о них.

Я бы хотел добавить еще кое-что к прошлому состоянию.

Мы говорим, что выстраивается система управления человеком в нашем мире. Тора говорит о том, как постепенно организуется система, где свет и желание, которое создано им, в соединении между собой постепенно распространяются друг в друге, как бина входит в малхут, малхут входит в бину, – и это взаимосвязанная система.

Когда малхут входит в бину, то есть желание входит в свет, оно постепенно ослабляет свет, формирует ослабляющие градации света. А когда малхут принимает свет в себя, то она уже заранее, одновременно строит в себе такие системы, которые в будущем помогут ей достичь уровня света.

Что значит «гибель Надава и Авиу» – сыновей Аарона? Сам Аарон – это коэн а-гадоль – великий коэн. Его сыновья – это свойства системы. Аарон – это система управления, один из блоков системы управления.

Это вершина – ГАР дэ-Бина. И она не имеет права проводить через себя свет хохма. То, что хотели Надав и Авиу – добавить в эту систему свет хохма, поэтому их разорвало этим светом, они не могли выдержать его. И это не гибель системы, это создание предохранительного блока, через который не будет проходить свет больше, чем у Аарона.

Значит Аарон – это своеобразный фильтр, закрывающий проход света вниз?

Да. Потому что нижние уже не в состоянии это воспринять. То есть, если кто-то желает подняться до уровня света хохма, он должен подняться до уровня Аарона.

Разбиение произошло раньше и больше этого быть не может?

Это не разбиение. Происходит освоение системы связи света и желания – двух взаимных сил мироздания, которые должны создать между собой такой симбиоз взаимных действий, который бы организовал правильную фильтрацию света и желания сверху вниз, чтобы затем дать душам возможность правильно подниматься снизу вверх, расширяться, развиваться и таким образом наполняться светом.

Значит, человеку не дается больше, чем он может выдержать?

Да. Именно эта система так и помогает.

То есть, свойство Аарон не может дать человеку больше его готовности получить, чтобы не сломать душу?

Да. А Авиу и Надав – это системы предохранительные, которые создаются таким образом, и никак по-другому не могут быть созданы. Должны быть организованы какие-то рамки. Вот эти рамки ими и закрываются.

Сейчас мы прочтем последнюю часть этой главы, и я попрошу вас объяснить, что она символизирует во внутренних свойствах человека:

/6/ НИКТО НИ К КОМУ ИЗ ЕДИНОКРОВНЫХ НЕ ПРИБЛИЖАЙТЕСЬ, ЧТОБЫ ОТКРЫТЬ НАГОТУ: Я – БОГ.[30]

В системе, которая нисходит сверху вниз, существует четкое разделение на мужскую и женскую части: ор хасадим и ор хохма – аба и има – отец и мать этой системы. Через отца нисходит свет хохма, через мать нисходит свет хасадим. И они могут пересекаться между собой, в детях, только в определенном сочетании, не в произвольном.

Поэтому для того, чтобы сохранить это сочетание (свет хасадим и определенная порция входящего в него света хохма), свойство отдачи должно быть обязательно в той мере, в которой оно может вместить в себя свет хохма – наслаждение. То есть наслаждение – ради отдачи, наполнение – ради распространения. Любое действие должно совершаться ради отдачи, ради любви, ради исправления других. «Возлюби ближнего как себя» – означает, что все идет на отдачу, потому что душа человека находится вне его.

А если происходит действие ради себя?

Все действия ради себя, если они свыше необходимых для собственного существования, считаются

---

30 Тора, «Левит», «Ахарей мот», 18:06.

непригодными, некошерными. То есть они сразу же уничтожают души. И поэтому необходимо все время вести человека в границах, когда он понимает, что только до сих пор он может дойти и не далее.

А как ему заранее это показать?

Вся эта система сверху вниз создается именно для того, чтобы человек умел правильно себя контролировать: только на отдачу в каждом случае, на каждом уровне, правильно продвигаться, уметь определять границы своих возможностей и самостоятельно свободно ими пользоваться.

Она должна быть обучающей, демонстрирующей возможности. Как мы обучаем ребенка? Мы ему показываем: так надо, так не надо, это хорошо, это плохо и так далее. Система должна давать человеку навыки, чтобы затем он сам уже шел вперед! То есть мы показываем ребенку что-то, а потом желаем, чтобы он не только это выполнил, а сделал полшажка вперед. Это саморазвитие системы. То есть система «человек» должна саморазвиваться.

Причем, в нашем мире мы развиваемся только с помощью тычков, ударов, наказаний. Мы видим, как человечество все время ошибается, что-то делает неправильно… Правильно никогда не получается, потому что мы растем из нашего эгоизма.

ЖИВОТНЫЕ НЕ ПОМНЯТ РОДСТВА

Но ведь человеку свойственно ошибаться?

В духовном невозможны такие ошибки, как в нашем мире. Поэтому необходимо наш эгоизм заранее оформлять, организовывать.

Чтобы предохранить человека в его духовном росте, надо создать в нем самообучающую систему. Не такую, как мы обычно создаем – сверху вниз, а наоборот – снизу вверх, когда еще не известно, а что же человек делает, без всякой возможности предугадать. Это возможно только в духовном, именно благодаря этим свойствам.

Для сохранения этих свойств и существует запрет?

Существуют запреты кровным родственникам (отцу с дочкой, матери с сыном и так далее), которые говорят, что им соединяться нельзя. В Торе слово «нельзя» означает «невозможно». То есть невозможно в таком сочетании создать часть души (ведь каждое наше действие – это исправление еще одной части души). Невозможно исправить таким действием еще какую-то часть души, потому что не будет подходящего сосуда, наполненного светом хасадим, отдачей, любовью, со светом хохма внутри него. Свет нисходит, таким образом, по двум линиям сверху вниз, одна из которых – это блок, называемый «отец», и вторая – это блок, называемый «мать». Они могут сочетаться между собой только на определенных уровнях.

На этих уровнях сочетание должно происходить между абсолютно несвязанными между собой сигналами, нисходящими не из одного блока системы. То есть свойства отдачи и получения должны постоянно обновляться, быть в совершенно новых свойствах души, в новых частях души, и поэтому кровное сближение невозможно.

Единокровное сближение просто делает замыкание в системе.

Что же именно означает единокровное – в духовном?

Единокровное – значит, исходящее из одного Высшего источника.

А есть какой-нибудь пример этому в нашем мире?

Все, что перечисляется дальше в тексте этой главы, касается нашего мира!

В виде корней мы это видим в духовном мире, в виде их следствий – в нашем мире. И, несомненно, в нашем мире эти события также имеют отрицательные последствия.

Изучая европейские монархии, мы все время видим кровосмешение, и никуда от этого не деться. Ты видишь, какие у них лица, какие психологические проблемы?

Это потому, что единокровные и двоюродные братья и сестры когда-то соединялись?

Да, конечно. Из-за этого, естественно, возникали проблемы.

Интересно, что у животных, на животном уровне, это возможно. Там, через несколько лет, когда малыш вырастает, он полностью отрывается от матери.

И может уже с матерью соединиться? ...

Через несколько лет они уже не помнят друг друга, не узнают. У них как бы исчезает эта генетическая, биологическая связь, и они могут совершенно спокойно друг с другом вступать в контакт и продолжать свой род.

А на ступени «человек» это невозможно?

Для человека это невозможно, потому что он имеет связь с Высшим светом, а животный уровень – более низкий.

НАГОТА И ОДЕЯНИЯ

Дальше идут пояснения этого закона. Говорится так:
/7/ НАГОТЫ ОТЦА ТВОЕГО И НАГОТЫ МАТЕРИ ТВОЕЙ НЕ ОТКРЫВАЙ: ОНА МАТЬ ТВОЯ, НЕ ОТКРЫВАЙ НАГОТЫ ЕЕ.[31]

Что значит «не открывай наготы матери и отца»?
То есть невозможно получать от них прямой свет.
Свет, который нисходит сверху, нисходит постоянно. Свет находится только в «ливушим» – в одеяниях.

Трудно объяснить, что такое одеяния для света, это легче сделать на примере одеяния для звука. В нашем мире, если мы хотим передать какую-то звуковую частоту на большие расстояния – на пять тысяч километров, например, – это невозможно (докричаться я могу в пределах до километра, может быть, в пустом пространстве). То есть мне надо наложить мою обычную звуковую частоту – 1000 или 5000 герц – на частоту высокую. Потому что для высоких частот нет проблем прохождения сигнала. И тогда мы накладываем одну частоту на другую, то есть делаем модуляцию.

Это не обычное усиление – это я на большую частоту своего генератора накладываю частоту голосовую и таким образом передаю звук. То есть практически идет высокая частота, но она несет информацию о моем голосе. Приемник получает высокую частоту, проводит это через фильтр, высокую частоту убирает, и остается звуковая частота, которая идет в динамик, и я слышу из громкоговорителя уже свой голос.

---

31   Тора, Левит, Ахарей мот, 18:7.

То есть от передатчика до приемника – всё несет высокая частота, а затем она модулируется, проходя фильтрацию.

Так же проходит Высший свет. Поэтому в нашем мире такие физические законы – как следствие этого свойства в Высшем свете. То есть всегда, если мы желаем передать что-то, нам надо подобрать подходящую среду, подходящее одеяние на более высокую проходящую частоту.

Со светом – то же самое. Если приходит сверху сигнал, он всегда должен быть одет в какой-то другой свет, другую частоту. Одеяние – всегда – это свет хасадим, свет милосердия, свет отдачи. То есть от одного источника до другого источника всегда должно быть свойство отдачи – от источника до получателя. В получателе – должно быть противоположное свойство, когда он принимает это свойство и умеет отделить внутреннее свойство отдачи от самого получения. Эти воздействия сверху от системы «отец» и системы «мать» (свет хохма и свет хасадим) всегда «одеты» в такую модуляцию, в такие одеяния. И поэтому, когда они приходят вниз, то их только в таких блоках, которые сопоставимы между собой, можно соединить вместе. Поэтому и возникают эти ограничения.

Значит, если сказано: «не одеты», – имеется в виду, что они не одеты в свет хасадим? Об этом говориться?

Только лишь об этом! В нашем мире как следствие есть запреты на животном уровне. И если мы нарушаем эти законы, то последствия проявляются отрицательно. Но в принципе, всё, о чём здесь говорится – не раскрывай одеяний наготы матери своей! – это об исправлении души.

Дальше сказано:

/8/ НАГОТЫ ЖЕНЫ ОТЦА ТВОЕГО НЕ ОБНАЖАЙ: ЭТО НАГОТА ОТЦА ТВОЕГО.[32]

/9/ НАГОТЫ СЕСТРЫ ТВОЕЙ, ДОЧЕРИ ОТЦА ТВОЕГО ИЛИ ДОЧЕРИ МАТЕРИ ТВОЕЙ, РОЖДЕННОЙ В ДОМЕ ИЛИ РОЖДЕННОЙ ВНЕ ЕГО, НЕ ОТКРЫВАЙ НАГОТЫ ИХ.[33]

Что такое «сестра, дочь отца твоего»?

Это система возможного взаимодействия между частями: мужской и женской. Любой получающий сосуд – женского свойства. А мужское свойство – это свойство отдачи, которое присоединяется к женской части. Так вот, свойство отдавать не может присоединиться к женскому свойству (к желанию получать), если они исходят из неправильных связей между собой.

Значит, именно свет милосердия является «одеждой»?

Да. И есть, как минимум, около 20 свойств каждого света, которые разбираются в «Учении Десяти Сфирот», со всеми их названиями. Поэтому я все время затрудняюсь, как это объяснить!

В общем, надо понимать, что мы существуем в этом мире для работы по исправлению души.

Сейчас, на этом этапе нашего развития, нашего существования, мы вошли в систему, называемую «этот мир». В нем мы существуем определенное время, так как должны произвести в нем определенные действия, и потом продолжить наш путь.

Надо понимать, что Тора говорит только о том, что мы производим в этом мире. О нашей работе в остальных

---

32   Тора, Левит, Ахарей мот, 18:8

33   Тора, Левит, Ахарей мот, 18:9

частях нашего путешествия, нашего существования – всего этого огромного круга – об этом Тора не говорит. В ней сказано только о тех исправлениях, которые мы должны произвести, будучи на нашем уровне, который называется «этот мир», то есть, ощущая себя в теле, в этих возможностях.

ЗАПРЕТНЫЕ СВЯЗИ

Вы говорите: «Этот мир», – имея в виду наше земное состояние?

Наш мир, наше состояние – именно то, что я ощущаю сейчас. Это определенное условие. Помещают меня в какой-то блок, который разделен на время, место, движение и так далее. Существуя какое-то время в этом блоке, я должен произвести над собой определенные действия. Вот они и выражаются таким образом. И вся Тора говорит только об этой части – ни о каких других!

Я хотел бы вернуться к тексту главы. Говорится о женской части: «наготы сестры не открывай», «наготы сестры матери твоей не открывай».

И дальше следует:

/14/ НАГОТЫ БРАТА ОТЦА ТВОЕГО НЕ ОТКРЫВАЙ, НЕ ПРИБЛИЖАЙСЯ К ЖЕНЕ ЕГО: ОНА ТЕТКА ТВОЯ.[34]

Раскрыть «наготу брата» – это такое же искажение?

То же самое! Есть блоки: отец и мать. Когда осуществляется коммутация между ними, когда часть отца

---

34 Тора, Левит, Ахарей мот, 18:14.

передается через мать, а часть матери передается через отца, получается уже вместо двух блоков – четыре.

И сочетание возможно только между блоками отец и мать?

И притом, их взаимное сочетание происходит не внутри них, а вне их. Вне их – это следующая двойная связь, тогда получается уже шестнадцать. Вот отсюда и исходит вся эта система запретов. Ты не имеешь право коммутировать в себе свет хохма и свет хасадим для того, чтобы их получить. Не имеешь права – и более нет никаких условий!

То есть запрещены конкретные комбинации?

Те, в которых ты не можешь исправить свою душу. Если ты встречаешь такие комбинации, знай, что именно в них ты входить не можешь, и это является твоим исправлением. Тебе в данных комбинациях может быть дано огромное желание, огромные проблемы, но ты все равно не имеешь права ими пользоваться. Их исправление заключается в том, что ты их не касаешься. Это запретные действия. Твое усилие, твое исправление заключается в том, что ты не делаешь это, а другие – делаешь.

И все потому, что при этой комбинации не существует света милосердия, который принял бы свет жизни?

Да. Свет хохма не может одеться в свет хасадим. То есть свойства отдачи не могут таким образом выражаться.

Входя в запрещенные сочетания, я не могу задействовать свойство отдачи?

Обязательно будет ради получения!

Можно ли тогда сказать, что все сочетания мужского и женского должны происходить ради рождения?
Рождение следующей ступени называется исправлением предыдущей ступени.

Если не ради рождения, то этого не должно происходить? А иначе это искажение этого мира?
Именно так.

И поэтому сказано:
/15/ НАГОТЫ НЕВЕСТКИ ТВОЕЙ НЕ ОТКРЫВАЙ: ОНА ЖЕНА СЫНА ТВОЕГО, НЕ ОТКРЫВАЙ НАГОТЫ ЕЕ. /16/ НАГОТЫ ЖЕНЫ БРАТА ТВОЕГО НЕ ОТКРЫВАЙ: ЭТО НАГОТА БРАТА ТВОЕГО. /17/ НАГОТЫ ЖЕНЫ И ДОЧЕРИ ЕЕ НЕ ОТКРЫВАЙ, ДОЧЕРИ СЫНА ЕЕ ИЛИ ДОЧЕРИ ЕЕ ДОЧЕРИ НЕ БЕРИ, ЧТОБЫ ОТКРЫТЬ НАГОТУ ЕЕ: ЭТО КРОВОСМЕШЕНИЕ, РАЗВРАТ ЭТО. /18/ И ЖЕНЫ К СЕСТРЕ ЕЕ НЕ БЕРИ В СОПЕРНИЦЫ, ЧТОБЫ ОТКРЫТЬ НАГОТУ ЕЕ ПРИ НЕЙ, ПРИ ЕЕ ЖИЗНИ.[35]

И вот дальше говорится:
/20/ И С ЖЕНОЙ БЛИЖНЕГО ТВОЕГО НЕ ПРОИЗВОДИ ИЗЛИЯНИЯ СЕМЕНИ ТВОЕГО, ОСКВЕРНЯЯСЬ ЕЮ.[36]

Здесь уже речь не о кровосмешении, а о «жене ближнего твоего». «И с женой ближнего твоего не производи излияние семени». Что это такое?
Это не то ли, не то желание, с которым ты можешь произвести свойство отдачи. Какой можно привести

---

[35] Тора, Левит, Ахарей мот, 18:15-18:18.
[36] Тора, Левит, Ахарей мот, 18:20.

пример? Я не могу произвести действие отдачи с желанием, которое выше моих возможностей.

Допустим, я страшно голоден и ставят передо мной самое притягательное блюдо. Могу ли я, находясь буквально на грани голодной смерти, думать о том, что подкрепляю себя только для того, чтобы потом все свои силы отдать на благо общества?

Конечно, нет.

Так вот, есть такие состояния, когда человек не может действовать ради отдачи. Он может только притвориться, но на самом деле не сумеет.

В духовном мире нет никих «якобы», там всё очень четко: есть уровень, до которого ты можешь сдержаться, и есть уровень, ниже которого ты сдержаться не можешь. Во всем! Это касается абсолютно любых наслаждений: пищи, секса, семьи, денег, власти, славы, знаний – всего. У человека всегда есть определенный порог, до которого он не может сдержаться, выше которого – да. Будут лежать передо мной 100 долларов – я их не возьму. Но, если вся моя жизнь будет заключаться в том, что мне надо их взять, – никуда не денусь, возьму. Такова природа человека. Он зависит от обстоятельств.

Очень честно!

НОВОЕ МЕСТО РАБОТЫ

Человек должен знать свою природу, потому что в этой системе (подъема снизу вверх) он себя изучает, он постоянно повышает в себе уровень самооценки, не заполняя свой мозг (животный уровень) всякими идеями, а с помощью подключения себя к Высшему устройству. Если я поднялся на первую ступень, то могу действовать только на уровне первой ступени, а на уровне второй – никогда не смогу, кем бы я ни был! Это абсолютно четко! Вот написать бы на каждом уровне номер, и было бы четко понятно, что с ним можно делать, а что нельзя.

Можно сказать, что смысл этой главы будет понятен лишь тому, кто достиг её уровня?

Да. В этой главе Торы объясняются условия действий для тех, кто уже достиг уровня этой главы. В предыдущих главах об этом еще не говорится. В последующих главах об этом уже не будет говориться. То есть тот, кто находится на уровне этой главы, должен взять на себя данные в ней обязательства. Это значит – исправить в себе такие внутренние свойства, которые позволят человеку обезопасить себя от описанных здесь ошибок.

Говорится: «С женой ближнего твоего не производи…

Если бы на более низкой ступени человеку попалось такое свойство, как жена ближнего (оно тебе не попадется, но, допустим, попалось бы) – он обязательно использовал бы его.

А на следующей ступени, даже столкнувшись с этим свойством, человек должен совершить в себе такое исправление, чтобы не натыкаться на такие соединения или контакты, которые просто увели бы его в совершенно другую сторону. И вверх он бы уже подниматься не смог.

И так на каждом уровне! В этом и заключается вся система. Человек всё исправляет внутри себя. Он каждый раз делает себя более высоким. В нашем мире нет аналогии таких исправлений. Это не моральные, не этические, не эстетические формы. Это внутри нас становится нашей природой!

Значит, нарушение запретов происходит только на нашей неисправленной ступени?

На нашей ступени нет такого запрете, который человек мог бы не нарушить. Нет такого! Подняться на следующую ступень – это значит, принять на себя определенные условия, вызывающие такой Высший свет, который исправляет тебя до уровня следующей ступени. И тогда вся предыдущая ступень используется тобой абсолютно верно. Находясь же на уровне предыдущей ступени, человек ничего правильно сделать не может. Только подъем на следующую ступень, дает тебе гарантию того, что для тебя с этого момента и далее предыдущая ступень – абсолютно правильна, то есть на ней ты будешь поступать уже абсолютно верно. Это и есть подъем. Ты над ней и поднимаешься.

То есть, человек использует низшую ступень, чтоб подняться на верхнюю?

А следующая ступень сейчас для него становится местом работы. Он вызывает на себя Высший свет, который на него действует, проводит его через всевозможные сумбурные состояния, анализы, синтезы всевозможных состояний, – и наконец-то, человек вызывает на себя такое количество и качество света, что он его поднимает на следующую ступень. И тогда предыдущая – уже полностью зафиксирована, как исправленная. И человек может быть уверен в том, что он на нее не упадет. Поэтому в каждой части Торы всегда говорится о каких-то определенных уровнях. Причем говорится, может быть, такими же словами, что и в нескольких предыдущих главах.

И при этом необходимо иметь в виду – повторений нет! Просто рассказывается уже о происходящем на следующем уровне. И поэтому надо знать, о какой главе, о каком разделе идет речь, – то есть на каких ступенях это происходит. Тора включает весь комплекс нашего подъема до полного исправления души.

Значит, когда мы встречаем упоминание о субботе три или даже четыре раза – это субботы разного уровня, уровня главы, которую мы проходим?

Да.

Но продолжим. Указано соблюдать такое правило:

/22/ И С МУЖЧИНОЙ НЕ ЛОЖИСЬ, КАК ЛОЖАТСЯ С ЖЕНЩИНОЙ: МЕРЗОСТЬ ЭТО.[37]

Ассоциации этого мира здесь уместны?

Да. В нашем мире это гомосексуализм.

Но что такое «лечь с мужчиной» – в духовном?

В духовном-то это понятно, в духовном мире это невозможность правильного сочетания мужской и женской части.

Невозможность сочетания мужской части с мужской?

В данном случае, да. То есть любое сочетание келим должно производиться только в противоположных свойствах. Мужская часть – отдающая, женская – получающая, – они обязаны сочетаться между собой. В их

---

37 Тора, Левит, Ахарей мот, 18:22.

сочетании должны производиться определенные действия: омовения, оголения – определенные сочетания по определенным законам. Только в таком случае можно создать такую комбинацию между двумя этими свойствами получения и отдачи, которая называется общим кли.

А неправильная комбинация не приводит к созданию общего кли?

Нет. Не приводит.

Причем это не только между людьми, как в нашем мире кажется. Это и внутри человека – между его свойствами отдачи и получения. Необходимы правильные комбинации таких сочетаний, только тогда возможно точно действовать на отдачу.

АНТИСИСТЕМА ИСПРАВЛЕНИЯ

Из этого не может родиться следующая ступень, так как нет здесь света милосердия?

Тора говорит только о тех действиях, которые могут быть использованы на отдачу вне себя, потому что этим ты исправляешь свою душу. Каждый раз движение во вне.

И дальше сказано:

/23/ И НИ С КАКОЙ СКОТИНОЙ НЕ ПРОИЗВОДИ ИЗЛИЯНИЯ СЕМЕНИ ТВОЕГО, ЧТОБЫ ОСКВЕРНИТЬСЯ ЕЮ...[38]

Что такое «соединение со скотиной» – с животной частью во мне?

---

38   Тора, Левит, Ахарей мот, 18:23.

Да. Животная часть должна употребляться только в виде пищи или в виде одеяния, изготовленного из шкур. Не может быть баланса между животной частью и человеческой частью в сочетании келим (в сочетании этих желаний), чтобы с их помощью можно было работать на отдачу.

То есть я не могу соединяться с предыдущей ступенью?
Да.

Но тут еще говорится:
И ЖЕНЩИНА ДА НЕ СТАНЕТ ПЕРЕД СКОТОМ ДЛЯ СОВОКУПЛЕНИЯ С НИМ: ГНУСНОСТЬ ЭТО.[39]

Здесь – то же самое объяснение.

Эти вещи в духовном мире даже не описываются и особо не разбираются, не трактуются, потому что это ясно из свойств света отдачи и получения света.

Мы должны все время возвращаться к состоянию света хасадим и света хохма?

Только лишь! А больше никаких действий нет.

Желание отдавать и желание получать, которое преобразует себя в желание отдавать, если оно получает ради отдачи.

Поясните то, что дальше говорится:
/24/ НЕ ОСКВЕРНЯЙТЕСЬ НИЧЕМ ЭТИМ, ИБО ВСЕМ ЭТИМ ОСКВЕРНЯЛИСЬ НАРОДЫ, КОТОРЫХ Я ИЗГОНЯЮ ОТ ВАС.[40]

---

39 Тора, Левит, Ахарей мот, 18:23.
40 Тора, Левит, Ахарей мот, 18:24.

Здесь нас предупреждают не уподобляться этим народам?

Да. Основа этих искажений – Египет. А потом – Греция и так далее. Мы видим, что в этих народах всё это было очень популярно и обращалось в целый культ.

А что это во мне? В духовном существуют такие желания?

В результате разбиения духовного объекта, называемого «Адам», и взаимопроникновения всех его частей друг в друга возникают совершенно противоположные, неподобающие свойства. Они образуют всевозможные комбинации, мутации. Тогда получается, что совершенно неподходящие свойства оказываются вместе. Это следствие разбиения. Они есть и на неживом, и на растительном, и на животном уровне, но в основном, наиболее ярко проявляются на уровне «человек». И если ты хочешь исправлять все уровни, то они исправляются тоже только на уровне «человек».

Только «человек» может сознательно исправлять себя и не нарушать запретов?

Да. Поэтому все эти запреты существуют практически только для тех, кто исправляет в себе свойство «человек в себе» – свойство души, поэтому они приведены только в Торе. Во всех остальных верованиях этого запрета нет. Наоборот, из этого иногда делали целые культы, которые могут показаться странными, – возвышали эти сочетания.

Всякие черные магии?

Да. Это и содомия, и обмазывание себя экскрементами, да всё что угодно. Кажется, для чего бы это могло быть? А это, якобы, унижение себя, и в этом раскрывается человек – как будто делает из себя ничто, уподобляется животному.

Это антисистема исправления?

Она проявляется, когда свет светит на неисправные разбитые части души, проявляется как следствие воздействия света. И поэтому кажется, что в ней есть нечто возвышенное или возвышающее.

И с этим связано такое пафосное название: духовные практики?

Да. И таким образом люди это использовали.

То есть не уподобляться другим народам, сказано только для тех, кто следует инструкции Торы?

Для этого только и дана Тора – больше ни для чего.

ПРИШЕЛЬЦАМИ БЫЛИ ВЫ

Почему же, в таком случае, ее читают все?

Чтобы подготовить людей и вообще весь мир к будущему всеобщему исправлению. Для этого пока читают и этим вызывают на себя определенный свет.

Все получают крупицы света?

Мы видим, что все-таки человечество развивается. В Торе даже есть такое предупреждение: если уж вести бизнес с другими народами, то лучше иметь дело с верующими, а с неверующими нет. Потому что у верующих все-таки есть какая-то определенная внутренняя культура, я бы сказал.

Евреев ведь обвиняют в пренебрежительном отношении к другим народам из-за фразы: «не имей дело с гоем». Как её понимать?

Не имей дело, если ты можешь не иметь. Но если иметь – то только с верующим.

В Торе «гой» – имеется в виду тот, кто погружен в эгоистические желания?

Да.

Мы подходим к концу этой главы:
/25/ И ОСКВЕРНИЛАСЬ СТРАНА, И Я ВЗЫСКАЛ С НЕЕ ЗА ВИНУ ЕЕ, И ИСТОРГЛА СТРАНА ЖИВУЩИХ В НЕЙ. /26/ ВЫ ЖЕ СОБЛЮДАЙТЕ УСТАНОВЛЕНИЯ МОИ И ЗАКОНЫ МОИ, И НЕ ДЕЛАЙТЕ НИЧЕГО ИЗ ЭТИХ МЕРЗОСТЕЙ, НИ ЖИТЕЛЬ СТРАНЫ, НИ ПРИШЕЛЕЦ, ЖИВУЩИЙ СРЕДИ ВАС. /27/ ИБО ВСЕ ЭТИ МЕРЗОСТИ ДЕЛАЛИ ЛЮДИ ЭТОЙ СТРАНЫ, БЫВШИЕ ДО ВАС, И ОСКВЕРНИЛАСЬ СТРАНА.[41]

Страна – это имеется в виду эрец (на иврите). Эрец – от слова «рацон». Рацон – это желание. То есть те, которые достигают желания, направляющего их к Творцу, к раскрытию Творца, они должны эти законы соблюдать. Те, которые устремляются к Творцу, они могут называться пришельцами, то есть еще только входящими на эту ступень или уже осваивающими эту ступень, которая

---

41   Тора, Левит, Ахарей мот, 18:25-18:27.

называется «Исраэль» – что значит в переводе «прямо к Творцу».

И среди них есть и простолюдины, и левиты, и коэны, и прочие.

Пришелец – это тот, который осваивает ступень?

Да. Тот, кто осваивает следующую ступень. Он еще находится в прошлых своих желаниях, еще не на этой ступени, но входит на нее.

Поэтому всегда говорится: «Пришельцами были вы…» – и поэтому пришелец должен быть нами почитаем?

Да.

Мы были пришельцами на следующей ступени?

Но мы были пришельцами в земле египетской, потому что должны были ее пройти, взять из нее вот эти огромные фараоновские желания и начать подниматься. Только так мы можем подниматься.

Именно для этого мы и вошли в египетскую страну? Чтобы взять эти эгоистические желания? Иначе мы не могли бы их приобрести?

Нет, не могли бы. Вся работа, которая затем описывается в Торе, происходит только после выхода из Египта, то есть когда ты вобрал в себя все эти желания и можешь уже их исправлять.

Эти желания, которые мы изучали, были в той стране? Все эти осквернения, кровосмешения?

Они все взяты из Египта. И по дороге, по восхождении на уровень, который называется «земля Израиля», человек должен их исправить. То есть исправленный Египет является землей Израиля.

«Перевернутый» Египет.

И последнее в этой главе:
/28/ И НЕ ИСТОРГНЕТ СТРАНА ВАС, КОГДА ВЫ ОСКВЕРНИТЕ ЕЕ, КАК ИСТОРГЛА ОНА НАРОД, БЫВШИЙ ДО ВАС. /29/ ИБО ВСЯКИЙ, КТО СДЕЛАЕТ КАКУЮ-НИБУДЬ ИЗ ЭТИХ МЕРЗОСТЕЙ, – ДУШИ ДЕЛАЮЩИХ ЭТО ОТТОРГНУТЫ БУДУТ ИЗ СРЕДЫ НАРОДА ИХ. /30/ СОБЛЮДАЙТЕ ЖЕ ПРЕДОСТЕРЕЖЕНИЕ МОЕ, ЧТОБЫ НЕ ПОСТУПАТЬ ПО ГНУСНЫМ ОБЫЧАЯМ, КОТОРЫЕ СОВЕРШАЛИСЬ ПРЕЖДЕ ВАС, ДАБЫ ВЫ НЕ ОСКВЕРНЯЛИСЬ ИМИ: Я – БОГ, ВСЕСИЛЬНЫЙ ВАШ».[42]

Так заканчивается глава. Подведите, если можно, итог.

Мы прошли следующий этап в исправлении души, который говорит о том, что нам можно и что нельзя делать. Потому что всегда это ограничение и расширение. То есть сжимаешься со сторон, концентрируешь, комбинируешь свои желания, свойства отдачи, свойства получения так, чтобы все они были направлены вне тебя, на отдачу. Достижение уровня абсолютной любви к ближнему, то есть всё вне себя – это является целью нашего развития. К этому человечество должно будет прийти. А пока прошли еще один этап. Таких ступеней много.

---

42 Тора, Левит, Ахарей мот, 18:28-18:30.

Следующая глава «Кдошим» – «Будьте святы». В Книге Зоар о ней сказано: «Глава "Кдошим" – это совокупность всей Торы, и она – печать перстня истины». Мы приближаемся к очень серьезному этапу.

Да, ведь кдошим – это святость. Святость – это отдача. Когда человек исполнил все предыдущие условия, он выходит на уровень ступени, которая называется «кдошим».

Глава
«БУДЬТЕ СВЯТЫ»

ЛЮБОВЬ И МИЛОСЕРДИЕ – ЭТО ЗАКОН

В Книге Зоар сказано:
1) «И говорил Творец Моше так: Говори всей общине сынов Исраэлевых и скажи им: святы будьте, ибо свят Я, Бог Всесильный ваш».
Далее перечисляются заповеди между человеком и Творцом, описываются законы принесения жертвы и времени употребления ее в пищу. Сказано, что запрещено обманывать, красть и так далее, то есть даны законы. Часть заповедей повторяется. Это связано с тем, что народ Израиля выходит на новый, другой уровень. Поэтому, как Вы говорили, и повторения тоже происходят на другом уровне.

Тора – это ораа (инструкция), в этом ее смысл.

Эту инструкцию человек должен соблюдать. И выполняя ее шаг за шагом, он достигает полного исправления души. Если кажется, что какие-то части повторяются, то речь идет о повторении на следующем этапе, на следующем уровне.

В свое время я очень удивлялся. Например, мы изучали в школе, законы Ньютона. Все красиво, просто, понятные формулы. Приходишь в институт – тот же закон Ньютона изучается на новом уровне. Вроде, тот же закон, но уже выглядит по-другому, другая глубина.

То есть глубоко понять законы может только человек, находящийся на соответствующем уровне. И глубже изучить это в школе невозможно, необходим общий уровень знания физики, математики и прочее. Ты проходишь материал сначала на одном уровне, потом на другом, уже со пониманием взаимосвязи нескольких наук.

Невозможно выполнять законы Торы тем, кто находится на предыдущих уровнях?

Нет! Следующий уровень человек даже не ощущает. Он не создал под него свойства, не подготовил свои пять сенсоров, он еще не улавливает их.

Это так же, как читать собаке нравоучение. Она будет сидеть и смотреть на тебя. И что? Она улавливает только настроение хозяина. Но смысл его наставлений ей совершенно непонятен.

Если хозяин хочет, чтобы собака правильно себя вела, он должен снизойти до ее уровня. Наказанием и поощрением впечатать ей в голову, что делать можно, а что – нельзя.

На человеческом уровне существуют определенные моральные образы, почему это можно, а то нельзя. А собака запомнит это на своем уровне: отсюда можно брать, а со стола хватать нельзя. Она не понимает, что придут гости и это приготовлено для них. Для людей же это очевидно. То есть каждый понимает на своем уровне.

Собака понимает, что нельзя хватать со стола – в противном случае ее накажут. А наше восприятие совершенно другое.

Потому что это уже следующий уровень, ей недоступный. То же самое и здесь. Когда в Торе что-то повторяется практически одними и теми же словами, то вся разница – в уровнях восприятия.

Что такое отработка данной ступени? Это подготовка келим для получения следующего уровня?

Отработка ступени – это значит, что человек правильно скомбинировал, соединил между собой все желания, о которых ему указано, как использовать их на этой ступени. Он произвел из них общее желание (общий сосуд) и получил в него ради отдачи ту порцию света, которую на этом уровне должен был получить.

Ради отдачи – то есть сгенерировать в себе и направить на других свойство отдачи, свойство любви, свойство милосердия. Это является работой человека на данной ступени. На следующей – будет то же самое. Но условия – другие.

НОВОЕ ЗРЕНИЕ, НОВЫЙ СЛУХ – ВСЕ НОВОЕ

Известно ли, когда произойдет этот «щелчок», переход на следующую ступень?

Нет. Это происходит, когда человек заканчивает предыдущую ступень. Следующую ступень человек даже не можешь понять, как собака не поймет хозяина, который обучает ее этике, так и мы не можем понять следующую ступень, ее требования. Это что-то совершенно неподвластное нам.

Следующая ступень находится за пределами нашего восприятия, у нас не существует ни свойств, ни органов чувств, чтобы начать ее ощущать. Какие там моральные разрешения, запреты и ограничения? Она не вырисовывается. Мы не можем обозначить в себе следующий мир. Потому что весь наш мир – это то, что отражается в наших желаниях, в нашем сознании, которое формируется пятью органами наших чувств.

Чувства работают, исходя из желаний. У нас есть пять уровней желаний: 0, 1, 2, 3, 4. Нулевой уровень учитывается, поэтому их пять.

Пять уровней желаний градуируются: зрение, слух, обоняние, вкус, осязание. Если я использую эти желания правильно – для отдачи, то отрабатываю ступень нашего мира. Далее скачок – и у меня включается новый уровень. Я начинаю ощущать следующую часть мироздания, более высокую или более широкую, назови как хочешь.

Есть какие-то условия подключения?

Человек должен к ней подключиться таким образом, чтобы начать правильно себя исследовать, правильно себя форматировать. Максимально правильно он должен использовать его новые пять органов чувств в соответствии с тем, что сейчас раскрывается в нем, перед ним.

Этим пяти органам чувств соответствует уже новая мораль, новые требования. Они открывают в нем новую область мироздания. Но все требования остаются теми же: на отдачу, на выход из себя.

Таким образом, за ступенью нашего мира человек начинает ощущать следующую ступень Высшего, внешнего мира. Почему? Потому что на этой ступени нашего мира он подготовился к тому, чтобы отдавать. И следующая ступень раскрывается ему в возможности отдачи.

Если он будет исправлять себя таким образом, что сможет отдавать в том диапазоне, который ему раскрывается, то начнет овладевать следующей ступенью, какой-то ее частью, так называемой Эрец Исраэль, – желанием отдачи. Овладев ею, он постигнет то, что входит в пять органов его чувств. То есть он начнет существовать в Земле Израиля, начнет ощущать свойство, которое в ней находится.

Интересно, что человек начнет ощущать неживую ее часть, растительную, животную, человеческую и источник всего – Творца. И он двигается дальше.

Но каждый раз все совершенно разное – новый мир. И это очень интересное движение вперед уготовано абсолютно для всех.

ЧТО-ТО ЗАОБЛАЧНОЕ...

Глава, которую мы изучаем, называется «Кдошим» – «Будьте святы». Книга Зоар дает к ней очень серьезные объяснения.

Глава «Будьте святы» – это совокупность всей Торы, и она – печать перстня истины. В этой главе по-новому раскрываются высшие тайны Торы – в десяти речениях, а также в постановлениях, наказаниях и высших заповедях.

Радость охватила товарищей, когда они пришли к изучению этой главы.[43]

То есть когда они дошли до этого уровня – уровня святости. Кдушим, кадош – это свойство бины, свойство полной отдачи. Они дошли уже до такого уровня, на котором исправили полностью на отдачу все заложенные в них свойства. На следующих этапах происходит получение ради отдачи. Там уже что-то заоблачное...

Это уже работа в Эрец Исраэль, непосредственно вход?
Да.

«Это совокупность всей Торы, и она – печать перстня истины» – что имеется в виду? Что значит – совокупность всей Торы?

---

43   Михаэль Лайтман «Да будет свет» Книга Ваикра, Кдошим.

Вся Тора существует только для того, чтобы достичь свойства отдачи. Когда в человеке существует это свойство, он может накладывать как бы его отпечаток на любые желания и правильно их использовать. Он точно не ошибется, если впереди него идет свойство отдачи.

Наивный вопрос: почему бы здесь не остановиться?

Потому что человек себя еще не исправил. Он только достиг уровня, когда готов работать с теми желаниями, которые специально разбились, специально испортились для этого. Сейчас он будешь их исправлять.

Получается, что Творец создал автомобиль и разломал, разобрал на такие куски и в таком сочетании, что ты можешь делать из них, что угодно. Тебе дается инструкция – первая ее часть теоретическая, как обычно бывает в нашем мире.

Теоретическая часть включает в себя простую подготовку человека: математика, физика, механика, электроника – то, что надо знать про машину. Человек должен все это изучать.

После того, как изучит, как бы сдаст экзамен, он входит на уровень, который называется святость. И тогда уже можно начинать собирать машину и собирать ее правильно. Постепенно. У него еще будут проблемы, ошибки: это – к одной части, то – к другой, но, в общем, он подготовлен к сборке.

Мы увидим в следующих главах, что будет еще много всевозможных проблем, но человек готов к этой работе.

Поэтому сказано, что это – печать и это – истина? И это – перевалочный пункт?

Да, потому ученики рабби Шимона так обрадовались, что достигли такого уровня. Начиная с этого момента и далее, происходит настоящая работа человека. Он *как бы* выходит из института, он еще никто и ничто, но основа у него есть.

Дальше следующий, не менее интересный отрывок из Книги Зоар. Говорится так:
Когда Творец создал мир, Он установил все имеющееся в нем и всех находящихся в нем, каждого в своей стороне, в правой или в левой, и поставил над ними высшие силы. Не существует даже малой травинки на земле, над которой не было бы высшей силы наверху, в высших мирах. И все, что делают с каждым, и все, что делает каждый, происходит, благодаря все большему воздействию высшей силы, поставленной над ним наверху.[44]

Очень четкий закон.

Все мы управляемся абсолютно жестко, свобода дается только в том, чтобы следовать указаниям высшей силы, которая для этого скрывается. Человек ограничен во всем, кроме правильного действия. Но и правильное действие ему указывается.

Свобода не в том, чтобы правильно выполнить действие. Человек его правильно выполнит или самостоятельно, или его к этому приведут и все равно он его выполнит якобы самостоятельно.

Свобода в том, чтобы с помощью внешней системы, на отдачу которой человек работает (то есть на все человечество), выбрать такое окружение, которое помогло бы ему двигаться самостоятельно.

---

44 Михаэль Лайтман «Да будет свет» Книга Ваикра, Кдошим.

Причем это тоже не самостоятельное движение. Через это окружение человек получает высшие силы, с помощью которых умнеет, взрослеет, становится более зрелым и правильно выполняет действия.

Получается, что движение вперед определяется тем, что человек как бы самостоятельно создает для себя ту среду, которая является следующим правильным этапом исправления человечества. Он строит интегральное человечество, желает его исправлять, отдавать, собирать его. В этом заключается его самостоятельное продвижение.

Если же он этого не делает сам, то очень неприятные обстоятельства все равно его к этому приводят, но уже в течение длительного времени. Мы это видим сегодня: войны, проблемы, личные и глобальные, – всё это все равно загонит человечество в состояние, когда объединение будет осознано как единственно правильное действие.

То есть дойдем до принятия простого решения: дай мне хлеба и воды, а все остальное будет направлено только на отдачу. Настолько.

МЫСЛЬ – СИЛА. НЕВИДИМАЯ И МОЩНАЯ

Я должен прийти к пониманию этого закона, к полному ощущению того, что не существует даже малой травинки на земле, над которой бы не было Высшей силы наверху?

К этому мы приходим в течение нашей работы на каждом уровне всей лестницы, по которой мы поднимаемся все выше и выше, вплоть до того, что знакомимся не только с травинкой или с атомом, но со всеми микрочастицами. Это не микроматерия, а микросилы, нисходящие свыше.

Мы постепенно устремляемся к раскрытию микросил. А они, кстати говоря, самые мощные и самые влиятельные. Из них и состоит вся грубая механика, в которой мы сегодня существуем и которую ощущаем до тех пор, пока не находим ее источник.

То есть и тут действует правило: самое скрытое и невидимое – самое сильное?

Каждый день мы обнаруживаем это в наших открытиях. Еще 100 лет назад мы понимали, что надо делать какие-то мощные моторы, огромные машины, чтобы нас перевозить, перемещать. А сегодня не надо никуда перемещаться. Мы еще куда-то ездим что-то посмотреть, но на самом деле это все уже уходит.

Мы даже строить скоро перестанем, все будут строить за нас. Человечество должно осознать, к чему оно движется?

Человечество переходит в область мысли. Мы придем к этому.

Следующий, не менее сильный отрывок:

Весь мир представляет собой не что иное, как единое соединение, в котором все взаимосвязано.[45]

Книга Зоар – это такие простые, прямые слова.

---

45 Михаэль Лайтман «Да будет свет» Книга Ваикра, Кдошим.

Глава «Будьте святы»

Да-да, Зоар говорит очень просто, очень простым языком. Лаконичные фразы, очень четкие, не запутаны, нет никаких сложных оборотов. Если предложение составное, то только потому, что следует причинно-следственная цепочка, и поэтому она включена в одно предложение.

«Знай, что любовь – это главное». Одно предложение, а сидишь и думаешь.

И то же самое здесь:
Весь мир представляет собой не что иное, как единое соединение, в котором все взаимосвязано. Свойство суда и свойство милосердия, Малхут и Бина, были слиты и взаимовключены друг в друга, и поэтому, когда над миром производится суд в этом совместном свойстве, то суд вершится в милосердии, т.е. в Малхут, которая включена в Бину. А иначе мир не мог бы существовать даже одного мгновения.[46]

Даже когда над миром производится какое-то ужасное действие: войны, катаклизмы, гибель миллионов – все равно все исходит только из состояния милосердия.

Вот это непонятно. Я помню, как Вы разговаривали с американским раввином, и он сказал: «Как так? Миллионы жертв – все это от милосердия?». А Вы его спросили: «А кто такой Творец? От кого, от чего все исходит?». А он ведь раввин...

Надо понимать, что есть каббалисты и есть раввины, которые занимаются повседневным обслуживанием населения. У них совершенно другая область знаний.

---

46 Михаэль Лайтман «Да будет свет» Книга Ваикра, Кдошим.

Психологический практикум?

Да. А остальное – не их область. И ни в коем случае это не умаляет их профессии и должности.

ЧИСТЫЙ РОДНИК ДЛЯ УТОМЛЕННОЙ ДУШИ

Возможно оправдание, если речь идет о Его милосердии? На нашей ступени можно достичь этого понимания?

На нашей ступени – нет. Это возможно только на том уровне, на котором происходят эти действия. Если они исходят с какого-то определенного уровня, то этого уровня человек должен достичь при движении снизу вверх.

Сверху спускается хасадим – милосердие, любовь, затем эта любовь на определенном уровне начинает выражаться, облачаться в действие суда – в грозные действия. Человек должен достичь своего подъема на уровень грозных действий, пройти сквозь них и достичь уровня милосердия.

Это и называется раскрытие Творца.

Вы говорите: Мы должны подняться до уровня суда. За ним можно увидеть и почувствовать милосердие?

А иначе человек не оправдать Его. Морально он должен подняться. Он должен понять, почему ему дают такое наказание.

Он должен подняться на определенный уровень и увидеть, что для исправления его внутреннего эгоистического свойства необходимо именно таким образом давить на него, иначе ничего не сделать. И Человек должен согласиться с этим, принять это на себя. И тогда он, как растущий ребенок, поймет любовь родителей и то, почему таким образом они должны воздействовать на него.

Если на моих глазах с целым народом это происходит, то человек тоже должен подняться?

Какая разница? Конечно. Хоть со всем человечеством. Все мы – маленькие неразумные дети. Нас надо много-много воспитывать.

Еще один отрывок:

«Святы (кдошим) будьте, ибо свят Я» [47]

В час, когда Творец создал мир и пожелал раскрыть глубины, постигаемые из скрытия, и свет, постигаемый из тьмы, они были включены друг в друга. Поэтому из тьмы вышел свет, из скрытого вышла и раскрылась глубина, – одно вышло из другого. Из добра вышло зло, из милосердия – суд. Всё было включено друг в друга: доброе начало и злое начало, правая (сторона) и левая, Исраэль и остальные народы, белое и черное. И всё было в зависимости одно от другого.

В Высшем корне, откуда все исходит, нет никакого различия между плюсом и минусом, добром и злом и так далее. Только в нашем мире есть различия. Для того чтобы нас научить, поднять до такого уровня, где и для нас тоже все бы это сливалось в одно единое целое, в единую любовь.

Когда говорится «одно вышло из другого», – что имеется в виду?

---

47 «Да будет свет» Книга Ваикра, Кдошим.

На каждом уровне есть милосердие из суда и суд из милосердия.

То есть когда я поднимаюсь, то постигаю милосердие?
Да. Отец и мать взаимодействуют между собой – это два блока, которые управляют, развивают нас. Книга Зоар дает нам совершенно другой подход, другой взгляд.
Чистый родник для утомленной души – *Маим карим аль нэфэш аефа*. Это Зоар, его свет проливается на нас таким образом.

ИДТИ В НАРОД

Мы продолжаем главу «Кдошим» – «Будьте святы». Глава эта, как пишет Книга Зоар, – центральная.
Самая главная! Достижение святости. То есть свойства полной отдачи и любви.

Я нашел интересный отрывок в «Большом комментарии». Вот что здесь пишется:
Каким образом Моше передавал народу Б-жественные наставления? Он всегда применял такой метод обучения: Сперва он звал своего брата Аарона и наедине обучал его. Моше подробно излагал Аарону наставления Всевышнего с расчетом на высокий уровень понимания брата.
Затем Моше призывал к себе сыновей Аарона. В присутствии их отца Моше преподавал им отрывок Торы или алаху на уровне, доступном их пониманию.
Аарон и его сыновья садились рядом с Моше; призывали старейшин.

ГЛАВА «БУДЬТЕ СВЯТЫ»

Моше повторял старейшинам тот же отрывок Торы так, чтобы они могли постичь его (их духовный уровень был несколько ниже, чем уровень сыновей Аарона).

И дальше он зовет всех мужчин – таким был процесс обучения.

В присутствии всех призванных ранее Моше еще раз разъяснял слова Всевышнего. Теперь он делал это таким образом, чтобы смысл Б-жественных наставлений могли усвоить все собравшиеся.

Вот что говорится о главе «Кдошим»:

Раздел Кдошим был преподан всему народу Израиля и сделано это было иначе.

«Не следуй привычному методу обучения, — повелел Творец после того, как Он передал Моше заповеди этого раздела. — Созови весь народ, включая женщин и детей, и обучи их всех одновременно разделу Кдошим».

Это процесс спуска, нисхождения до всего народа. Мы сейчас дошли до этого центра, до соединения:

Почему (весь народ) были обучены Кдошим в народном собрании?

1. В этой главе содержится множество важнейших заповедей Торы — например, основной принцип: «Люби своего ближнего, как самого себя». *Творец* хотел, чтобы на этом всенародном собрании присутствовал абсолютно каждый человек из (нашего) народа, дабы все без исключения (евреи) хорошо усвоили этот свод основных законов Торы.

2. Раздел Кдошим примечателен еще и тем, что в нем содержатся параллели ко всем Десяти Заповедям.[48]

---

[48] Рав Моше Вейсман, из цикла «Мидраш рассказывает», Недельная глава Кдошим.

Как вдруг дошли до такого высокого уровня, что уже можно всему народу рассказать?

Это видно по организации нашей группы и по тому, как мы двигались вперед. Прошли годы и годы прежде, чем мы дошли до такого состояния, когда можем говорить по-настоящему откровенно, с пониманием, с ощущением внутреннего содержания. Что такое единство, что такое объединение? Как это должно воплощаться между нами и в широких массах?

Вы сейчас представляете, что усаживается весь народ, и мы начинаем им объяснять?

Мы его начинаем потихоньку усаживать. Это и есть идея нашего распространения – мы выходим в народ и начинаем объяснять и показывать, каким образом объединение может решить все наши проблемы.

И мы объясняем Аарону, его детям, старейшинам более глубокий смысл того, что происходит. Мужчинам – уже поменьше. Но все-таки он – мужчина, на иврите *гевер*, от слова *итгабрут* – превозмочь, преодолеть свой эгоизм.

Потом уже обучаем и народ – женщин, детей и всех остальных. То есть тех, которые не в состоянии серьезно работать над собой. Но благодаря своей массе и примыканию к уже исправленным, более высоким слоям общества, они тоже получат оттуда свет исправления и станут кдушим.

Интересно, что все остаются: Аарон, его дети – и кто-то все время прибавляется. В конце сидит и народ, и Аарон, и дети. Тут все сидят!

Да. Невозможно разрабатывать более широкий круг отдельно от еще более внутренней связи с предыдущими кругами. Моше и Аарон должны быть все более и более связаны между собой, со старейшинами и с мужчинами для того, чтобы у них была сила и возможности работать с народом.

Вы представляете это, как движение, которое распространяется от верхушки пирамиды вниз?

Обязательно. Здесь все на самом деле взаимосвязаны.

КОНЧИЛОСЬ ГОРЮЧЕЕ

В какой момент чувствуется, что можно переходить на другой уровень? Как это определить?

Человек чувствует, что у него больше нет сил для развития на его уровне: он его как бы исчерпал, а до цели не дошел. Это значит – ему не хватает еще одного уровня.

Это Ваше ощущение как преподавателя? Вы держитесь и можете уже больше раскрыть?

Ничего тут не сделаешь. В нашем внутреннем развитии мы дошли до состояния, когда просто больше нечего делать. Нет сил на более внутреннее развитие, нет сил на постижение, нет сил даже просто пребывать в таком состоянии: сегодня как вчера и завтра как сегодня. Вообще все иссякло. Нет горючего!

В таком случае мы начинаем идти вширь. Это и называется движение от себя. Это и называется использование свободы воли.

Какова цель движения вширь?

Собрать всех людей мира в одно целое, в одно единое желание, в одну сеть, которая полностью будет построена на доброй взаимосвязи людей между собой. Тогда в этой сети проявится Творец – свойство отдачи и любви.

При этом мы переходим совсем на иной уровень существования, восприятия, ощущения. Мы меняем свое мировоззрение, мироощущение.

Это соответствует, идет параллельно развитию мира, тому тупику, к которому движется мир со своим прямолинейным развитием эгоизма?

Естественно.

То же самое происходит и в группе, которая идет параллельно? Вы сказали, что «нет горючего» – это из этой же области или нет?

Нет! Мир приходит к этому на уровне неживом, растительном и животном. А мы находимся на уровне человек. У мира больше нет никаких возможностей, он развился до своего предела. Неживая, растительная, животная природа и человек в своей животной природе развились до своего предела.

Мы не представляем, как еще можно двигаться дальше. Хотели бы как-то по-другому, но у человека нет ни сил, ни свойств, чтобы можно было что-то изменить. Цивилизация развилась до такого тупикового состояния.

Развитие проявляется естественно в виде всевозможных кризисов. Причем кризис многосторонний, практически всеобщий цивилизационный кризис. И лечения никакого нет. Нет этому кризису исправления.

Конечно, есть всевозможные выскочки, которые пытаются что-то предложить, вскарабкаться на этом повыше, пока еще можно заработать для себя. Но все это очень быстро отлетает. Каждый из них – «факир на час», не более. И мы видим, что практически им нечего предложить, что бы ни говорили все эти философы, экономисты, политологи, социологи и т.д.

Некоторые, правда, говорят более-менее правильные вещи, исходя из того, что происходит в обществе. Но если они и предлагают практические меры, то совсем несуразные. Эгоизм человека работает так, что хочет заявить, что он чем-то располагает: идеей исправления или хотя бы предотвращения близкого конца.

И мы, на самом деле, находимся в очень неприятном состоянии, потому что народ усыплен, он живет своими мелкими радостями и горестями. Ему надо протянуть сегодня как вчера или, если можно, чуть-чуть лучше, и завтра как сегодня, чтобы только не было хуже.

Действительно, нет запала, везде какое-то безразличие. И это сильно отличается от всех прежних времен.

Да, мы это видим во всем мире. Первый раз в истории человечества оно погружено в абсолютную апатию.

Перепробовали всё: капитализм, социализм, коммунизм. Жили уже в феодализме и сейчас снова хотели бы вернуться к феодальной системе – мы видим тенденцию к дроблению государств на маленькие части. Германия, которая 200 лет назад состояла из десятков княжеств, снова готова разделяться, как и Франция, Италия, Испания.

СЯДЕМ РЯДОМ, СЯДЕМ БЛИЗКО

Европейцы готовы к еще большему раздроблению, чем раньше?

Они считают, что в этом сепаратизме есть рациональное зерно, что разделившись, раздробившись им уже легче исправляться, что-то делать внутри себя. Эгоизм не захватывает слишком больших территорий, он уже внутри маленькой территории, претендующей на самостоятельность.

Причем, как правило, такие части стран крайне националистически настроены и готовы идти даже на жертвы, только чтобы быть самостоятельными. Не могут испанцы, к примеру, переносить каталонцев, а каталонцы испанцев. Так же как шотландцы – англичан. Или ирландцы. Сколько было войн с ирландской республиканской армией? А что в Америке? Разделятся на 50 штатов?

Это движение обратно или движение на месте?

Это движение вопреки тому, что мир тянет к объединению. Но поскольку мы к объединению не готовы, то пытаемся всячески его избежать. Если по своим параметрам, чувствам, желаниям мы были бы готовы объединяться, то для нас вообще стало бы все возможно.

Как думали в Европе? Они не понимали, не знали и не желали знать, как ликвидировать все границы, все неравновесия между странами. Ведь можно сделать все, но наш эгоизм этого не позволит. Мы его не исправляем и поэтому хотели бы вернуться обратно к чему-то более осязаемому, маленькому: «вот это – моё».

Семь миллиардов – и каждый хочет сидеть в своем углу. Люди не разговаривают друг с другом, общаются только через приборчик, только через экран. Я вообще никого не хочу. Каждый абсолютно сам по себе.

Какой выход? Как Вы можете заставить людей снова прийти к связи, к объединению на другом уровне?

Я использую те проблемы, которые есть у каждого из них, и указываю, что решить их можно только одним методом – движением через объединение. Усаживаю их за круглый стол и провожу с ними одно единственное занятие. На этом одном занятии они должны сразу же почувствовать, что в моем предложении есть очень сильная практическая основа.

Можно попытаться ее обосновать, подвести под нее теорию, можно и без объяснений – это не важно. В правильно настроенной группе раскрывается новая внутренняя сила, которая может нас питать, может вылечить от всех проблем: личных, групповых, общественных, политических, экологических. Эта сила даст нам такую настройку на связь между собой, что мы сможем решить все проблемы.

Это надо показать людям практически. Сегодня они ничего не слышат, не читают и видят стеклянными глазами только то, что внутренне отвечает их мелкой настройке.

Им не хорошо и не плохо. Они ничего не требуют, не просят, они говорят: «Мы безразличны, не трогайте нас». Как Вы их выводите?

Безразличие – чисто внешнее. Можно ковырнуть любого человека и обнажить в нем какое-то желание, что-то, что ему мешает: «Чего тебе не достает до полного счастья? Я готов преподнести тебе это на тарелочке».

Это и называется работой с народом: мы усаживаем людей и начинаем проводить в жизнь законы объединения?

Да. Человек всё-таки страдает: ему не хватает зарплаты, его беспокоят болезни, личная безопасность, государственная безопасность, что сегодня происходит на улицах, как обстоят дела с его детьми, с семьей, с женой. Во всех его связях, отношениях с самим собой и с окружающими есть проблемы. Просто он как бы отстраняется от них, не желает их обсуждать и вообще заниматься ими, потому что ему уже всё равно.

Но эта апатия – всё-таки чисто внешняя. Думают, что если разрешить марихуану, то это избавит человека от депрессии. Не поможет. Человек всё равно будет существовать в своих проблемах.

Мы о них напоминаем и, не копаясь в проблемах, красиво обращаемся к нему: «Ты сумеешь избавиться от проблем. Требуется всего лишь только раз посетить наш семинар. Бесплатно, близко к дому, посидишь на мягком стуле, кофе-чай…». И тут мы должны создать такие условия, чтобы человек почувствовал, что в этой методике есть сила, которая сможет исправить то, от чего он хотел бы избавиться.

И после этого он пойдет дальше? Заработает эта система?

После этого – да. И, кроме того, поскольку мы распространяем в больших массах, то происходит взаимное влияние. Это уже становится как бы движением общества.

В обществе сегодня нет движения. А у нас всё-таки большая группа, которая начинает двигаться и проявлять себя. Таким образом, различные общественные слои начинают действовать друг на друга, перемешиваться. Эта мысль уже витает в воздухе, даже если никто не говорит о ней.

ГЛАВА «БУДЬТЕ СВЯТЫ»

Так и Моше как бы спустился с законами к народу, усадил его и начал с ним говорить?

Принцип один и тот же. Глава «*Кдошим*» и говорит об объединении, поэтому она называется «Будьте святы».

ПОКОЙ НАМ НЕ СНИТСЯ

Она актуальна сегодня. С этой главной мыслью мы начнем читать:

/1/ И ГОВОРИЛ БОГ, ОБРАЩАЯСЬ К МОШЕ, ТАК:/2/ «ГОВОРИ СО ВСЕМ ОБЩЕСТВОМ СЫНОВ ИЗРАИЛЯ И СКАЖИ ИМ: СВЯТЫ БУДЬТЕ, ИБО СВЯТ Я, БОГ, ВСЕСИЛЬНЫЙ ВАШ. /3/ БОЙТЕСЬ КАЖДЫЙ МАТЕРИ СВОЕЙ И ОТЦА СВОЕГО И СУББОТЫ МОИ СОБЛЮДАЙТЕ: Я – БОГ, ВСЕСИЛЬНЫЙ ВАШ. /4/ НЕ ОБРАЩАЙТЕСЬ К ИДОЛАМ И БОГОВ ЛИТЫХ НЕ ДЕЛАЙТЕ СЕБЕ: Я – БОГ, ВСЕСИЛЬНЫЙ ВАШ.

Есть программа, которая работает со всем человечеством и движет его к цели.

Цель – это полнейшее, абсолютное объединение, когда все превращаются буквально в одну единую систему замкнутых, уравновешенных сил, желаний. Все исправлены на отдачу и любовь.

Общая сила, общее желание, которого мы достигаем, связывает нас абсолютно всех, делает равными и равноправными участниками этой системы. Эта сила называется Творец.

«Будьте святы, как я» – то есть вы должны прийти к абсолютной связи между собой, к абсолютному взаимодействию, к абсолютной любви. Стерегите это, держитесь этого, считайте это главной целью.

Вы должны видеть перед собой цель: достичь состояния, которое называется «суббота» (от слова *шаббат*, *конец исправления*).

Это еще определяется как «полный покой»?

Да. Что значит «полный покой»?

Практически нечего больше исправлять – человек исправил себя. Себя – это значит, исправил свое включение во всех, во все семь или двадцать миллиардов, – не важно, насколько еще раздробится человечество.

Свое включение во всех и всех в себя человек исправил настолько, что достиг интегральной связи, полной, абсолютной. Такое состояние называется покой.

Здесь сказано:

/3/ БОЙТЕСЬ КАЖДЫЙ МАТЕРИ СВОЕЙ И ОТЦА СВОЕГО…

Да. Надо обязательно правильно использовать свойства матери и отца – свойство получения и свойство отдачи, которые должны быть уравновешены между собой.

От матери идет свойство получения, от отца идет свойство отдачи. Вместе они работают над душой человека. Человек должен правильно сопоставить, скомбинировать в себе свойство отдачи и свойство получения так, чтобы они, перемешиваясь, правильно работали.

Без свойства получать мы не сможем подключиться ни к кому. Без свойства отдавать мы тоже не сможем подключиться ни к кому. Получается, как вилка с розеткой. С одной стороны, мужская часть, с другой – женская. Один входит в другого или другой включает в себя первого. И так далее.

Мы всегда должны работать: я на получение – он на отдачу, я на отдачу – он на получение. И так – со всеми, со всеми.

По этой аналогии, только тогда будет свет, когда вилка входит в розетку?
Да.

Почему сказано «бойтесь»?
Чтобы развивать в себе эти свойства, человек должен постоянно опасаться: а есть ли у него еще возможность это сделать, не упускает ли он ее. Это состояние называется страх.

МЫ НЕ ИДОЛЫ

Раньше мы уже выясняли это, но сейчас объяснение звучит совсем на другом уровне.
/4/ НЕ ОБРАЩАЙТЕСЬ К ИДОЛАМ И БОГОВ ЛИТЫХ НЕ ДЕЛАЙТЕ СЕБЕ: Я – БОГ, ВСЕСИЛЬНЫЙ ВАШ.

Что это значит?
Нет никаких идолов. И Творец – не идол, и мы – не идолы.

Идолом называется нечто, что человек получаешь априори, бездоказательно, над чем он не должен работать – просто принимать и всё! Это – не уровень человека.

Человек должен постичь уровни отдачи и взаимной любви со всеми остальными. Он должен их раскрыть, изучить, он должен работать этими инструментами. Он должен постичь уровень Творца.

Развитие человека должно состоять из осознания, развития ощущения и понимания, то есть он должен полностью ощущать эту систему сердцем и разумом. И только тогда он может сказать: «Я не поклоняюсь идолам. Я не принимаю нечто заранее мне уготовленное».

Это, конечно, очень непростая жизнь, но перед нами эту цель ставит Творец, чтоб мы стали людьми – человеком, Адамом, а не животным.

Не может быть ничего принятого на веру. Творец желает, чтобы мы изучили Его: «Знай Бога отцов своих и служи Ему». Познание, постижение Творца является самой великой точкой нашего восхождения.

При правильном развитии, эта точка всегда сопровождает нас, с одной стороны. А с другой стороны, обязательно четкое постижение, развитие, углубление. Иначе человек себя не наполняет.

Мы разберем еще один закон. Сказано:
/5/ И КОГДА ЗАРЕЖЕТЕ ЖЕРТВУ МИРНУЮ БОГУ, ДЕЛАЙТЕ ЭТО ПО ЖЕЛАНИЮ СВОЕМУ. /6/ В ДЕНЬ ЖЕРТВОПРИНОШЕНИЯ ВАШЕГО И НА СЛЕДУЮЩИЙ ДЕНЬ ДОЛЖНА ОНА БЫТЬ СЪЕДЕНА, ОСТАВШЕЕСЯ ЖЕ НА ТРЕТИЙ ДЕНЬ ДОЛЖНО БЫТЬ СОЖЖЕНО НА ОГНЕ. /7/ ЕСЛИ ЖЕ НА ТРЕТИЙ ДЕНЬ БУДЕТ ОТ НЕЕ СЪЕДЕНО, ТО МЕРЗОСТЬ ЭТО, НЕ УДОСТОИТСЯ БЛАГОВОЛЕНИЯ. /8/ И ТОТ, КТО ЕСТ ЕЕ НА ТРЕТИЙ ДЕНЬ, ПОНЕСЕТ ВИНУ СВОЮ, ИБО СВЯТЫНЮ БОГА ОСКВЕРНИЛ ОН, И ОТТОРГНУТА БУДЕТ ДУША ЕГО ОТ НАРОДА ЕЕ.

Очень жесткий закон.

Мы уже знаем, что такое жертва.

ГЛАВА «БУДЬТЕ СВЯТЫ»

Жертва, курбан – это вообще не жертва, как это следует из перевода. Курбан происходит от слова *каров* – сближение (с Творцом). Какие-то свои желания я могу выделить в себе, могу их изучить, определить и принести в жертву, то есть исправить. Таким образом, я сближаюсь с Творцом. Это и называется жертва.

Жертва – это сближение с Творцом, как результат исправления эгоистических желаний на альтруистические.

Поэтому здесь сказано: ДЕЛАЙТЕ ЭТО ПО ЖЕЛАНИЮ СВОЕМУ?

Конечно! Обязательно. Иначе это не жертва, не сближение.

Сближение основано на трех линиях. Это должно быть исправление в первый, второй и третий день. Если нет, то оно уже не годно к употреблению. Это уже считается отходами предыдущей ступени. Это уже как яд.

ТВОРЕЦ ЗАКРОЕТ ЗАНАВЕС

Мы продолжаем изучение главы «Будьте святы» и двигаемся по законам исправления, которые рассказываются всему народу.

Следующий закон:
/9/ А КОГДА БУДЕТЕ ЖАТЬ ЖАТВУ В СТРАНЕ ВАШЕЙ, НЕ ДОЖИНАЙ ДО КОНЦА КРАЯ ПОЛЯ ТВОЕГО И ОПАВШЕГО ПРИ ЖАТВЕ ТВОЕЙ НЕ ПОДБИРАЙ.

Что такое «мое поле»?

Поле – это то место, которое человек должен обрабатывать в себе, это его земные желания.

Если он их правильно обрабатывает, то от них питается и не имеет права использовать все, что он делает, для себя. Все поле идет не для себя, а на связь с другими. Все свои желания он исправляет только для взаимодействия в общей системе связей между всеми людьми.

«Не дожинай до конца края поля твоего» – это значит, что ты должен признать, что не в состоянии исправить себя полностью. Ты можешь исправить только девять сфирот, а десятую – нет. Поэтому ты оставляешь край поля, как знак, что только сверху возможно ее исправление. Даже просить, чтобы она исправилась, ты не можешь.

Все предыдущие девять сфирот исправляются сами, благодаря нашим усилиям, просьбе, взаимосвязям, работе с остальными. Десятая сфира исправиться не может – у нас нет сил попросить, чтобы и этот эгоизм работал на отдачу. Потому что это – наша основа, это то, что отделяет нас от Творца.

Допустим, есть наше желание определенной величины. Оно может пропитаться свойствами Творца до своего последнего участка – до десятой части. Десятая часть не может – не воспринимает эти свойства.

Если мы исправляем девять частей, то в итоге приходим к состоянию, когда остается только одна десятая часть, которую затем исправляет Творец. Это называется самым последним Его действием, которое будет закрывать 6000 лет нашего исправления.

Это некое ударное состояние?

Это будет, когда мы исправим все свои девять частей в нашем желании, и у каждого останется только десятая часть.

Глава «Будьте святы»

Это проявляется во всех запретительных действиях. Здесь говорится о желании, когда ты хочешь из неживого желания сделать растительное, то есть поднять себя из земли, как растение. Есть такие, которые из растительного хотят поднять себя на животный уровень. Или из животного – в человека.

Во всех преобразованиях, исправлениях всегда есть перечисление действий, которые запрещены. Они все относятся к этой десятой части.

То есть все запреты существуют на эту десятую часть?

Да. И еще важно понимать, что даже из этой десятой части мы можем взять некоторые желания, что называется «снять с них сливки», и перенести в девять первых частей, в девять первых сфирот. Поэтому мы говорим об относительности запретительных желаний.

В чем заключается относительность? Ты сам «опавшего при жатве не поднимай», а бедняк, который проходит рядом с твоим полем, может их употреблять.

На самом деле это – исправление. Ты оставляешь ему, а он, когда потребляет то, что тебе нельзя, исправляет твою десятую часть.

Человек не может попросить об исправлении этой десятой части, он не может поднять ее из свойства получения в свойство отдачи, а посторонние люди делают за него эту работу.

Это очень интересно. И здесь мы говорим о связи?

Да. Но бедняк, который получает у человека это «опавшее при жатве», в свою очередь, свою десятую часть не должен использовать, а отдать на Храм.

Цепочка должна работать?

Всегда! Десятая часть – *маасер* (десятина).

И тут еще говорится:

... И ОПАВШЕГО ПРИ ЖАТВЕ ТВОЕЙ НЕ ПОДБИРАЙ

Да. Все, что падает из твоих рук, – не поднимай!

ГРАНИЦА ВОЗМОЖНОГО

Дальше говорится о винограднике:

/10/ И ВИНОГРАДНИКА ТВОЕГО НЕ ОБИРАЙ ДОЧИСТА, И ОСТАВШИХСЯ ОТДЕЛЬНЫХ ЯГОД В ТВОЕМ ВИНОГРАДНИКЕ НЕ ПОДБИРАЙ – БЕДНОМУ И ПРИШЕЛЬЦУ ОСТАВЬ ИХ: Я – БОГ, ВСЕСИЛЬНЫЙ ВАШ.

Именно об этом Вы говорили: человек не может исправить эту часть.

Да, «бедные и пришельцы», пользуясь оставленным, исправляют то, что человек оставляет неисправленным – его часть. В нашем мире десятая часть – это не мало. А в духовном мире это четкое определение пределов возможностей человека.

Действительно ли это предел возможностей или нет? – Человек должен ужаться до предела, и то, что в нем остается, принять, как десятую часть.

Как человек ощущает десятую часть, с которой не может работать?

Когда у него больше не остается никаких сил. Отдал все до предела, полностью, все 100 процентов – значит, у

ГЛАВА «БУДЬТЕ СВЯТЫ»

него остается десятая часть. Она даже не раскрывается в человеке, на самом деле.

Если мы имеем в виду уже высокие уровни работы человека со светом, то там он ощущает четкую работу в себе: девять первых сфирот, десятая сфира, подъем максимум из десятой сфиры в первые девять сфирот. Он уже чувствует и контролирует свои желания, насквозь видит себя всего. Но в нашем состоянии мы этого еще не видим.

У каббалиста, который находится в движении, это является абсолютно четким разделом. Он чувствует, что сделать в состоянии и что – нет. Это первое. И второе, он ощущает «край поля своего» – это значит, здесь находится его малхут, здесь такие его желания, над которыми он не властен, – и оставляет эту часть желаний.

Очень красиво. Иногда вы говорите об отдаче невероятные вещи. Что такое настоящая отдача или настоящая любовь? Когда не знаешь, кому ты отдаешь. И не получаешь взамен никакой благодарности. Это и есть десятая часть?

Это и есть десятая часть. Но я не знаю, как это выразить обычному человеку. Допустим, есть приказ: «Зарежь своего сына», – как было сказано Аврааму.

Пожалуйста. Можешь это сделать? Это, в принципе, для нормального человека с обычным пониманием мира невозможно.

То есть, если мы говорим о себе, я как бы, должен лишиться следующей ступени?

В принципе, это для того, чтобы понять, что есть такие границы, которые мы преступить не можем. То есть когда мы должны сказать: «Ну, лучше это случится со мной, чем с ним».

Это и есть невозможность?

Да. Тут уже «край поля твоего».

Продолжим дальше:

/11/ НЕ КРАДИТЕ, НЕ ОТРИЦАЙТЕ ИСТИНУ И НЕ ОБМАНЫВАЙТЕ ДРУГ ДРУГА.

Что это такое? Почему соединяется вместе? «Не крадите» было у нас в десяти заповедях, мы говорили об этом.

Нет, тут говорится именно об этой границе, где человек постигает свою грань, конец своей возможности работать на отдачу. Не кради, то есть не перетаскивай к себе то, что ты не можешь исправить, – это чужое, а не твое. Так же, как и *пэа* (край поля твоего) – не принадлежит человеку, он должен это определить, как «не мое».

Десятая часть не моя? Потому что я ее не могу исправить?

Да. Не моя, совершенно. Неважно, что это мои желания. Они не могут быть моими, если я не могу их исправить. То же самое здесь.

«Не укради» – значит, не перетаскивай к себе неисправленные части своих желаний, не выявляй их, таким образом, потому что потом ты не сможешь работать с ними на отдачу. Это первое.

Далее. «Не отрицайте истину», то есть нельзя лжесвидетельствовать. Человек должен видеть четкую границу между желаниями, в которых работает – между верхней частью его души (*гальгальта вэ-эйнаим*) и нижней частью его души, где он не может работать на отдачу. Он не должен ее касаться, надо сделать там сокращение на любую работу с этими желаниями.

Это называется «не отрицать истину»?
Да.

«И не обманывайте друг друга», говорится.
Да, то есть, какими бы ни были отношения человека с другими людьми, истина выше этих отношений, выше всяких последствий. Истиной является Творец, Его место, Его величие, потому что закон мира, закон Вселенной – Высшая истина является высшей относительно всех.

Не может человек работать так, чтобы истина была в его власти. Это выше него. Он должен постоянно подставлять себя под эту систему ценностей. Есть ценности, которые не имеют к человеку никакого отношения, они всегда во главе, и я их принимаю превыше всех своих решений.

САМООБМАН, ИЛИ ДОРОГА В АД

Мы говорим о связи между нами, о соединении большем и большем. «Не обманывайте друг друга» означает, что между нами всегда существует эта сила, которая называется «Творец»? Связи ради связи не существует – есть только связь ради соединения?

Связь, которая называется «Творец», – это абсолютно полная связь, которую мы должны наладить между собой. Но она не сразу проявляется между нами, мы постепенно настраиваем себя на нее.

Постоянная настройка на максимальное проявление Творца между нами и есть наше последовательное движение в ходе изучения методики исправления и объединения, то есть Торы.

«Вы не обманывайте друг друга» – в этом заключается утверждение, что не может быть связи без Творца?

Да. Но, кроме того, обманом называется и самообман, когда берет свои желания и думает, что может ими правильно пользоваться – на отдачу.

Вы все время возвращаете нас «к краю поля»?

Да. Человек не сможет правильно пользоваться своими желаниями. Поэтому ему указывается очень четко, что делать с этими крайними желаниями.

Дальше говорится:

/12/ НЕ КЛЯНИТЕСЬ ЛОЖНО ИМЕНЕМ МОИМ, ЧТОБЫ НЕ БЕСЧЕСТИТЬ ИМЯ ВСЕСИЛЬНОГО ТВОЕГО. Я – БОГ.

Что значит «не клянитесь ложно»?

Это опять самообман, когда человек считает, что поступает в соответствии с полной отдачей, со свойствами любви, а внутри он не произвел это действие.

Есть разные степени нарушения свойства отдачи и любви: по злому умыслу или по незнанию, по недоразумению, по запутанности или по болезни.

То есть всякие маленькие проблемы, неполадки в эгоизме, которые затушевываются, и которые человек все равно должен выявить и постепенно исправлять. Полностью должно быть понятно ему, чтобы его эгоизм был прозрачным и абсолютно исправленным на отдачу.

Здесь существуют такие проверки, над которыми надо долго работать. Воровство является самым главным нашим качеством. Мы любим воровать. То есть считать, что можем работать с этими желаниями. В этом нам помогает эгоизм, он нас подталкивает: «Все нормально, ты отдаешь». И действительно отдаем: обслуживаем, что-то делаем ради других, на благо человечества.

С другой стороны, вдруг раскрывается, что все эти действия направлены не на отдачу – «ради себя». Человек получает понимание, какова на самом деле причина всех его поступков, что являлось тайной, от него скрытой.

Это и есть «ложно именем Моим»? Хотя человек был уверен, что это действительно именем Его?

Да. Добрыми намерениями выложена дорога в ад, как говорится. И человек понимает, что намерения вроде бы добрые, а действия, оказывается, адские.

Как человеку себя контролировать?

Это уже целая система, но, по крайней мере, установка есть. Для того чтобы контролировать ее, нам надо изучать Талмуд. Там все объясняется в мельчайших деталях.

Дальше говорится:

...ЧТОБЫ НЕ БЕСЧЕСТИТЬ ИМЯ ВСЕСИЛЬНОГО ТВОЕГО.
/12/ НЕ КЛЯНИТЕСЬ ЛОЖНО...

Эти свойства, этот идеал отдачи и любви должен вырисовываться абсолютно четко. Человек должен понимать, что это идеал, что он может в чем-то осознать его, раскрыть относительно себя.

Творец – это не то, что ощущается вне нас. Нет такого вообще. Мы изучали условия восприятия мироздания – все ощущается в наших свойствах, в наших желаниях.

У нас есть свойства, которые называются самыми высшими, – это кетэр, где ощущается Творец. В результате работы девяти низших сфирот в самой высшей сфире ощущается Творец – свойство отдачи и любви.

Все время надо себя настраивать по этому камертону – по десятой сфире, самой высшей, под нее подстраивать все остальные сфирот.

Это не просто! В группе, во время учебы вызывается Высший свет из точки кетэр на все остальные свои свойства. Все, что мы делаем в нашем мире, как мы взаимосвязаны друг с другом, необходимо только для того, чтобы через это соединение все время себя проверять.

Самая верхняя часть кетэра должна быть отделена от нас – человек должен все больше и больше очищать, возвышать, как бы изолировать ее от себя. Она должна быть все более и более прозрачной в твоих ощущениях.

Затем идут восемь сфирот: хохма, бина, хэсэд, гвура, тифэрэт, нецах, ход, есод, – это твои желания, которые подлежат исправлению, и девятая – малхут, которая исправлению не подлежит.

Самая верхняя – кетэр, самая нижняя – малхут. Все, что от малхут можно уподобить кетэру, находится между ними как восемь сфирот.

Это и есть собственно такое честное, точное распределение?

ГЛАВА «БУДЬТЕ СВЯТЫ»

Да. Относительно этой системы мы все время работаем. Человек на каждом шагу своего духовного пути, своего духовного развития должен думать только о том, как приподнять кетэр, выявить все больше малхут и уподобить ее кетэру в восьми свойствах.

При этом понимая, что он не постигает кетэр?

Кетэр светит от себя вниз. Затем в конце всеобщего исправления распространяется так, что малхут и кетэр постепенно сливаются между собой с помощью работы, в течение 6000 ступеней (или 125 ступеней) на восьми сфирот между ними. Восемь сфирот между ними – это есть сеть взаимосвязей.

Об этом Вы говорили: два светила становятся вместе? Солнце и Луна?

Да.

«А ТЫ НЕ ВОРУЙ!»

Читаем дальше.

/13/ НЕ ОБИРАЙ БЛИЖНЕГО ТВОЕГО, И НЕ ГРАБЬ, НЕ ЗАДЕРЖИВАЙ У СЕБЯ НА НОЧЬ ЗАРАБОТКА НАЕМНИКА ТВОЕГО ДО УТРА.

Речь идет о взаимосвязи между людьми – так легче всего это понять. Внутри человека это тоже существует. Но практически лучше всего сказать: ни в коем случае человек не должен делать никаких комбинаций в отношении другого. Он должен быть максимально прозрачным и прямым. Иначе свойство отдачи и любви не работает.

Человек способен на такое?

В группе мы поднимаемся над своим животным состоянием, мы понимаем, что с ним нам нечего делать – такими мы созданы. На этом уровне у нас не существует никаких проблем.

Все проблемы находятся выше нашего животного существа, в объединении между собой на основе взаимной отдачи и любви. Когда мы это понимаем, то приходим к состоянию, когда не может быть никаких обманов, иначе мы обманываем себя.

Человек создает связи с остальными частями своей же души. Ведь все вместе мы являемся частями единой души, и она на всех одна. Для каждого такая связь и есть его включение в общую душу. Его включение и есть его душа – из его ракурса. И если это – он сам, то кого ему обманывать?

Он уже начинает постигать, что все-все существующие являются его душой, частями его души. Так кого он пытается обмануть? Или кого он хочет обирать, у кого забирать, не добавлять или оставлять у себя то, что сегодня он мог отдать? Будет оставлять на завтра – это уже не отдача.

А когда говорится «не грабь»?

Грабеж – это такое нарушение, для исправления которого человек должен предпринять очень серьезные действия!

«Обирай»: ты обираешь его…

То есть работаешь на получение. То, что уже сделано, сделано Творцом человеку в исправление. Часть исправления происходит с нашими явными усилиями. Часть исправления – в результате наших неявных усилий.

ГЛАВА «БУДЬТЕ СВЯТЫ»

Человек вдруг обнаруживает, что работает не на отдачу, а на получение. Он чувствует, что это же все – мое. То есть он оправдывает себя, как вор. Когда человек ворует, он полностью оправдывает себя: почему остальным можно, а мне нельзя? Я несчастный, бедный. Все воруют, вон сколько наворовали.

Иногда человек крадет, как ему кажется, у людей, неправедно наживших богатство, и отдает краденное на нужды других – это самосуд. Здесь и есть проблема: человеку кажется, что он правильно поступает, что он не ворует. Значит, нам надо обязательно раскрыть ему глаза на то, что происходит. А раскрыть глаза можно только после того, как он своровал.

Ничего тут не сделаешь. Поэтому мы проходим очень много этапов, где мы не только воруем. Сказано, что нет праведника, который не совершил бы сначала преступление. Он увидел, что совершил, осознал, раскаялся и исправил. Эти ступени ни в коем случае нельзя перескочить.

Праведник был грешником, сделал все, что мог...

Абсолютно. Если он достиг какой-то ступени, то на всех предыдущих ступенях он ошибался, преступал и только поэтому взошел.

Когда-то Вы рассказывали, что РАБАШ вдруг сказал Вам: «Ты даже не представляешь, сколько я видел». Имелось в виду, что он все прошел. И Вы говорили: «Как может этот старичок, который сидел все время на одном месте, говорить, что он все прошел». Это и называется пройти все преступления?

Да-да.

Здесь есть продолжение:
НЕ ЗАДЕРЖИВАЙ У СЕБЯ НА НОЧЬ ЗАРАБОТКА НАЕМНИКА ТВОЕГО ДО УТРА.

Сложная фраза. Что она подразумевает?

Человек начинает прегрешение, даже если ничего при этом не делает. В то время, когда он должен отдать, он обязан немедленно отдать. Если он задерживает действие по возврату, оно из отдающего превращается в получающего. Даже при том, что у человека фактически нет никакого выигрыша от этого.

Но выигрыш, на самом деле, есть, потому что человек считает, что то, что он должен отдать, находится в его владении. На самом деле так.

Целые миры раскрываются внутри человека во время чтения этой главы.

Все это раскрывается относительно связи с другими людьми. И в той же мере относительно Творца.

ТАК НЕЖНО, КАК С РЕБЕНКОМ…

Глава «Будьте святы» – очень серьезная. В «Большом комментарии» написано, почему весь народ был обучен «Кдошим» в народном собрании.

Обучен святости. Святость – свойство отдачи и любви.

Впервые весь народ сидит, и его обучают этим законам. Даже если они повторяются, то повторяются уже на уровне народа. И говорится в «Большом комментарии»:

ГЛАВА «БУДЬТЕ СВЯТЫ»

1. В этой главе содержится множество важнейших заповедей Торы – например, основной принцип: «люби своего ближнего, как самого себя». Бог хотел, чтобы на этом всенародном собрании присутствовал абсолютно каждый человек из народа, дабы все без исключения хорошо усвоили этот свод основных законов Торы.
И дальше.
2. Раздел «Будьте святы» примечателен еще и тем, что в нем содержатся параллели ко всем Десяти Заповедям. Так написано об этой главе. Мы говорили, что она – как сердце. Мы дошли до закона:
/14/ НЕ ЗЛОСЛОВЬ ГЛУХОГО И ПЕРЕД СЛЕПЫМ НЕ КЛАДИ ПРЕПЯТСТВИЯ, И БОЙСЯ ВСЕСИЛЬНОГО ТВОЕГО: Я – БОГ.

Можно это объяснить? Допустим, «перед слепым не ставь препятствий» – еще как-то можно представить, но «не злословь глухого» – это что?

Кто такой – глухой? Человек, который не слышит. То есть тот, кто не владеет уровнем бины.

Слух – это бина. Это значит, что глухой не владеет свойством отдачи?

Да. То есть не ставь перед ним препятствие на его уровне, не злословь – он споткнется.
Теперь следующий уровень?

«И перед слепым не клади препятствия».
Слепой – кто он? Это уровень хохма.
И перед слепым (на его уровне) не ставь препятствие.

То есть слепой – это тот, в ком нет уровня хохма?

Да. Отсутствуют сенсоры, которые могут определить, что хорошо и что плохо на этом уровне – на уровне бины или на уровне хохма. Ни в коем случае ты не должен ставить человеку препятствия, если он не сможет их преодолеть. У него нет никакого внутреннего аппарата и инструментов для исследования, анализа, определения, что такое хорошо или что такое плохо.

Препятствием называется то, что находится по дороге и что ты не можешь правильно использовать. Если бы ты был зрячий, то это препятствие определил бы не как препятствие, а как возможность его преодолеть и подняться на его уровень и выше.

Кто не видит ступеньку, спотыкается и падает, а кто видит – на нее ступает и поднимается на следующий уровень. Всё зависит от того, в состоянии ли человек справиться с этим препятствием, обратить его в рычаг, с помощью которого поднимает себя выше.

Глухой не в состоянии подняться с помощью препятствий на уровень бины, а слепой – на уровень хохма.

Поэтому нельзя нарушать этот закон. Что значит, нельзя? Это одна из сторон закона «Возлюби ближнего как себя». Если ты любишь своего ребенка, ты сделаешь это? Конечно, нет. Так надо относиться и ко всему остальному.

Это важный момент!

Необходимо знать, чувствовать уровень другого человека, понимать, что для его пользы, а что нет. И как маленького ребенка ты ведешь его так нежно, чтобы он не падал, чтобы учился, приподнимался и опускался, снова поднимался. Так ты должен поступать с любым ближним.

Эти трактовки стоят на уровне мягких нравоучений, «сладких», человеческих. А в духовном мире это – анализ и серьезные силы.

Мы продвигаемся только с помощью препятствий. Можем ли мы эти препятствия обратить в ступень подъема или нет?

Человек должен действовать так, чтобы перед другими возникали препятствия, чтобы с их помощью они поднимались. Войти в другого человека, понять на каком уровне он находится и даже помочь ему найти препятствие, которое бы он преодолел и поднялся.

Это взаимная помощь, потому что все сливаются в одно общее дело. Иначе невозможны ни жизнь, ни подъем.

Человек должен, с одной стороны, раскрывать перед другим препятствие, но с другой стороны, и помогать преодолеть. Так и идти, взаимно поддерживая друг друга, как альпинисты.

С одной стороны, это может быть ступень, а с другой, глухая стена? Надо, чтобы все время препятствие служило ступенью.

Да.

ЦВЕТЫ ПОЮТ ПОД МУЗЫКУ

Когда читаете лекцию, Вы чувствуете людей? Чувствуете, сколько можете дать им?

Во-первых, лекция для меня – это нечто отвлеченное. Из лейки ты льешь на все цветы подряд, и они растут – каждый по-своему. Я даю урок, отмериваю его: «Это мой урок. Это мое задание». Я беру средний уровень, вхожу в него и делаю из себя, как правило, два одеяния, две ступени: внутреннюю (не мою личную, но более внутреннюю) и внешнюю.

Внешняя говорит больше на повседневном языке. А внутренняя – на языке тех, которые что-то вынесли, выстрадали из того состояния, о котором говорится. Так я им говорю.

Есть ощущение, сколько вы можете выдать, какую порцию?

Нет, когда я говорю на таком уровне, я не боюсь. Внутри себя я все равно скрываюсь, и даже мой внутренний уровень – все равно не мой.

Кроме того, манера изложения, которой мы придерживаемся, не вредит. Она может немножко обескуражить человека. Он не ориентируется в том, что внутри его должны меняться ощущения, происходить какие-то переключения. Внутри себя он переходит из одного состояния в другое.

Человек обнаруживает внутри себя словно какой-то целый мир, в котором есть место всему, о чем мы говорим. И он работает с этим как центральная точка, наблюдатель и диспетчер.

Некоторые не ощущают, не могут себя таким образом настроить. Они пытаются. Но у них другие, более грубые, более замедленные реакции на то, что мы изучаем.

Из моего рассказа, который длится 10 минут, некоторые ощущают два-три состояния, и есть такие, которые ощущают и 20-30 состояний. И соответственно этому, воспринимают глубже или мельче, более резко или более размыто.

Вы ощущаете единую массу учеников, сидящих напротив Вас, или каждого из них?

Обычно я не настраиваюсь на каждого, если только не требуется этого специально. И я делаю это крайне редко, лишь в том случае, если человек очень хочет прильнуть ко мне, возникает у него внутреннее движение. Есть люди, которые в этом нуждаются.

Тогда возможно с моей стороны (возможно, не обязательно) сделать что-то, чтобы он почувствовал, что эта фраза сказана именно ему. Этим я его обнял, положил на него руку, перенес в него что-то свое. Но это редко.

У очень многих людей, неважно, смотрят они урок по телевизору или сидят в аудитории, есть ощущение, – они говорят об этом, – что урок именно к нему обращен, что приходят ответы на его вопросы? Что это?

На самом деле это так.

Сейчас я говорил о внутреннем контакте с особым учеником в его особом состоянии – такое бывает. Но не обязательно контакт возникает, если он сидит передо мной.

Передо мной просто как огромная поляна или поле, на котором находятся ростки. Есть ростки более высокие, есть пониже. В каком-то мультфильме цветочки поют и выходят из земли или обратно входят в нее.

Так ухаживаешь за этим цветником – одного подбадриваешь, другого немножко приостанавливаешь. И совершенно неважно, где они находятся. Это работа.

Я могу и не знать их лично. Это просто поле, и на нем всходят саженцы. И не имеет значения физический, внешний контакт с человеком в этом мире. Может быть, его еще нет, и он посмотрит эту передачу только через двадцать лет, когда родится и подрастет. Не имеет значения совершенно. Контакт происходит в силовом поле, которое настигнет его.

Следующий закон.

/15/ НЕ СОВЕРШАЙТЕ НЕСПРАВЕДЛИВОСТИ НА СУДЕ, НЕ БУДЬ СНИСХОДИТЕЛЕН К НИЩЕМУ И НЕ УГОЖДАЙ ЗНАТНОМУ: ПО ПРАВДЕ СУДИ БЛИЖНЕГО СВОЕГО.

Обычно бывает наоборот. Тора предупреждает: «Ты не должен распускать свои чувства. Ты не должен относиться к людям так, как тебе диктует эгоизм сострадания». Этого нельзя делать.

Ты должен принимать людей в суде, не глядя на них, не видя их. Человек может быть из любой расы, некрасивый или обладающий особенной красотой, мужчина или женщина – неважно. Это может быть человек, который говорит так, что ты поразишься, и он убедит тебя, растрогает до слез.

В суде ничего не может быть постороннего! Как оградить судью от несправедливости, чтобы он вел суд беспристрастно?

В ТОРЕ НЕТ ТЮРЬМЫ

Чтобы был неподкупен?

Судья – каждый из нас. В принципе, судья должен судить себя сам. Ты судишь другого человека и с беспристрастной точки зрения, то есть на своем уровне облачившись в Творца, выносишь вердикт. И если этот вердикт неверный, значит, ты должен принять его на себя и вместо того человека возместить урон всему обществу, всей общей душе.

Если судья посадил вора, и через какое-то время он вышел на свободу и снова своровал, значит, судья должен сесть в тюрьму вместо него, потому что неправильно вынес ему приговор. Вор не прошел исправления в тюрьме, раз снова пошел воровать – значит, виноват судья и должен пойти в тюрьму вместо вора.

Необходимо было произвести правильные действия по исправлению вора, но исправления не произошло. Вор выходит на свободу, и что с ним делать – проблема. А вот что делать с судьей, точно известно – его тоже надо сажать в тюрьму или применять другую форму исправления. Но судью надо исправлять.

Если следовать этому принципу, все судьи сидели бы сейчас. Известно, что тюрьма не исправляет.

В Торе тюрьмы вообще нет. В Торе нет тюрьмы!

Это известно, что тюрьма не исправляет. Мы видим, что происходит сегодня. А они знали об этом уже пять тысяч лет назад.

На каком уровне должен быть судья, чтоб судить другого человека?

Это проблема очень сложная. Все, что делает человек, происходит по попустительству Творца. Творец ему позволил согрешить против общества и против Самого Себя – Творца.

И даже направил, можно сказать?

Да. И теперь вопрос: как сделать, чтобы то, что произошло, осознать, как зло, раскрыть его для последующего исправления? Вопрос очень непростой. Во-первых, почему было подставлено всем так, чтобы раскрытие произошло именно таким образом – злым, а не добрым?

Здесь есть неверные, неправильные исходные состояния, то есть изначально недоработанные человеком и обществом или группой. Чтобы раскрыть неправильное состояние между ними, сначала они должны пройти совершение преступления, а потом достичь исправления.

Допустим, убийство. Кто-то убит, – родственники сожалеют, убийца схвачен. Общество несет на себе всю проблему. Значит, определенные условия для совершения данного преступления существовали до этого и продолжают существовать сейчас. Как нам сделать так, чтоб из существующего сегодня мы пришли к полному исправлению всех этих обстоятельств завтра?

Клубок проблем.

Да, это клубок обстоятельств, потому что все мы взаимосвязаны в одной общей системе, и эта система вышла из строя. Как в механике: в моторе постепенно набиралась погрешность – какая-то деталь сломалась, и мотор вышел из строя. Это можно сравнить с убийством: виновата не просто одна деталь, а согласованность ее взаимодействия с другими частями.

Недостаточно уже только деталь поменять.

Да, тут надо весь мотор перебрать. Почему произошло так, что деталь оказалась неисправной?

Почему человек совершает преступление? Конечно, это Творец подставил. Но каким образом можно это исправлять?

Исправление заключается в том, чтобы компенсировать неисправную деталь. Все остальные члены общества должны взять на себя соответствующие исправления: с деталью, которая обнаружилась как неисправная, работать как с исправной, то есть взять на себя всю ее неисправность.

Проявив себя как неисправную внутри них, она помогла определить их всеобщую внутреннюю неисправность, свою собственную, интегральную. Получается, что общество должно брать на поруки этого, к примеру, вора или убийцу, и исправлять себя таким образом, чтобы под давлением окружения этот преступник обнаружил себя вместе с обществом на ином уровне. Идет осознание зла, общего зла, идет проявление общей ошибки, погрешности: почему не видели этого раньше? Почему не было обнаружено? То есть здесь производится уже общая работа.

Ничего частного нет! Убийцу не хватают, не волокут его в суд, чтобы судья выбрал приговор в соответствии с кодексом – расстрелять или 20 лет тюрьмы. Тащат бедного, несчастного человека. А чем он виноват?!

СУД – ЭТО ЛИШЬ СИСТЕМА КОРРЕКЦИИ

Вы рассказываете о целой системе?

Только интегральная система способна дать правильный ответ на такую ошибку. Когда находите правильное решение, компенсацию, в этой картине вы обнаруживаете свое слияние с Творцом.

Да, красиво! Сейчас вся система основана на простом решении: «Ты будешь сидеть, потому что ты виноват»?

Да. Эгоистическая система ставит своей целью избавиться от преступника. «Мы, наше общество, судья – идеальны. А этот человек мешает нам! Он должен покаяться, должен сидеть и страдать!».

Что в итоге? Он берет нашу ошибку на одного себя. Всю погрешность, всю неисправность общества он берет в себя, он как бы виноват. Общество при этом накапливает такие неисправные части, которые из поколения в поколение оттягивают на себя всё общественное зло, всевозможные шлаки.

Общество заставляет осужденных страдать за себя, таким образом, как бы очищая себя, – эгоистически! «Иди и страдай вместо нас», – вот, что мы говорим человеку, когда направляем его в тюрьму.

В наших земных условиях возможно сейчас другое судопроизводство?

Откуда? Разве мы можем определить нравственно, духовно уравновешенную систему? Как мы можем понять, какой она должна быть в идеале, и каким образом в ней возникают диспропорции, перекосы, внутренние напряжения? Для этого нам надо ее видеть.

То есть судьей может быть человек, который находится на духовном уровне?

Судья – это свет АБ САГ, свет Хохма и Бины, которые вместе воздействуют на желание и выявляют его с двух сторон: суд и рахамим (милосердие). Их правильное сочетание может выявить среднюю линию, тогда человек может быть судьей.

ГЛАВА «БУДЬТЕ СВЯТЫ»

Древние греки, когда создавали свою богиню правосудия с весами, что-то понимали про среднюю линию ...

Да-да, на весах – или туда, или сюда. Это естественный человеческий позыв. Но среднюю линию так не найти, потому что она выше человеческих свойств.

И вообще судья должен быть неподкупным. В наше время это хотят гарантировать тем, что дают судьям большой заработок, якобы, тогда он не нуждается в деньгах.

На самом деле, судьей должен быть человек, который удовлетворяется необходимым и кому излишки не нужны. Это совершенно другой подход, отличный от подхода в современном обществе.

Мы не заботимся о внутреннем состоянии судьи, наоборот – «наполним ему карман, чтобы он, был стойким к взяткам».

А он не может не брать?

Не может совершенно! И этим мы только развращаем судей.

Кроме того, судьи зависят от всех остальных. Они не могут быть абсолютно независимыми, потому что живут в обществе. На самом деле судья должен быть совершенно оторван от общества. Это то, что мы воспитываем в себе – свойство судьи, суда.

Судья – высший человек в обществе! Это человек, который должен быть в единении с Творцом, и с этой ступени, понимая все, что делает Творец, приносить в общество исправление. Суд – это лишь система коррекции.

ПРО СПЛЕТНИ И СПЛЕТНИКОВ

Мы продолжаем разбирать законы, которые были переданы народу. Недаром после каждого закона стоят слова «ближнего твоего», точно капает каждый раз в сознание, что основное – это «возлюби ближнего твоего».

Все законы направлены на сближение между частями разорванной, сломанной души, в которой раскрывается Высший свет по мере ее объединения.

Следующий закон:

/16/ НЕ ХОДИ СПЛЕТНИКОМ В НАРОДЕ СВОЕМ; НЕ ОСТАВАЙСЯ РАВНОДУШНЫМ К КРОВИ БЛИЖНЕГО ТВОЕГО...

Сплетником называется человек, который не прощает, который, как и в нашем мире, наслаждается проявлением эгоизма в других.

Во-первых, он человек искренний. Он не врет! Ни в коем случае он даже не пытается нанести ближнему какой-то урон. Может быть, из самых лучших побуждений он раскрывает все больше и больше ту наготу, искажение, неисправность, которая существует в отношениях между людьми.

Но сплетник – это же не тот, который говорит другому в лицо, кто он такой. Он говорит за его спиной.

Неважно. Но у него могут быть самые лучшие побуждения при этом.

В чем проблема? Ради чего он действует – ради исправления или нет? Раскрывается, больше проявляется зло, но направляется ли это действие на большую связь между людьми?

Этого все время надо добиваться?

Да. Сплетник – это тот, кто разводит, отдаляет людей друг от друга. Можно сделать то же самое, что и сплетник, раскрыв какие-то разрывы связей между людьми, но при этом ты будешь думать о том, как соединить их.

Если твое намерение ради связи, то, наверное, это уже не является сплетней?

Это уже не сплетня, да.

НЕ ХОДИ СПЛЕТНИКОМ В НАРОДЕ СВОЕМ…

«Сплетник в народе своем» – что это во мне, на уровне работы человека с самим собой?

Вообще, сплетник – это всегда работа на Творца. Именно Творец подставляет тебе все диссонансы, все неполадки, не сочетание свойств, частей единого механизма души. Он проявляет своим светом их несогласованность, и поэтому Он – первопричина всего. Ты должен работать на согласование.

Сплетник – это тот, который не врет, но работает не в сторону исправления.

Это лишь одна часть духовной работы, когда человек выявляет зло, но не действует в средней линии, подкрепляя его одновременно исправлением. Когда, раскрывая зло, он не думает об исправлении, изначально не нацеливается на него, он только лишь углубляется в раскрытие зла.

Зло – ради раскрытия зла?

Да, состояние, которое называется «раскрытие зла», – это привлечение света, который выявляет все неисправности человека. Но оно должно исходить, как сказано, из состояния «конец дела – в его начале». Изначально человек должен думать о совершенном состоянии, полностью интегральном, гармоничном. Этого в сплетне нет.

Всего лишь одно тонкое отличие! На самом деле, сплетня может быть полезным действием. Его вред в том, что человек, который его совершает, неправильно к нему подошел.

Допустим, мой друг мне рассказывает, что я неправильно поступил. Он сплетник или нет? Это выявляется, каким образом меня подводят к тому, чтобы я увидел свое неисправное состояние и его исправил.

Такого намерения у сплетника нет. Его подход носит не законченно-эгоистический характер.

Если раскрытие Вашего зла происходит ради того, чтобы в Вас раскрылось свойство отдачи, чтобы Вы еще больше к нему приблизились, – это уже не сплетник.

Сплетник – тот, кто не ставит перед собой эту цель, он просто раскрывает зло?

Да. А если он правильно все рассчитал для того, чтобы показать, раскрыть и направить, то он человеку – друг! Это не злословие.

То есть считается, что он мне помог. А в другом случае он – сплетник? Насколько грани размыты!

Да. Все находится очень близко одно от другого.

ГЛАВА «БУДЬТЕ СВЯТЫ»

БРАТ МОЙ – ВРАГ МОЙ

Говорится дальше:

...НЕ ОСТАВАЙСЯ РАВНОДУШНЫМ К КРОВИ БЛИЖНЕГО ТВОЕГО...

Нельзя отказаться от того, чтобы помочь раскрыть другому препятствия, его просчеты и неправильности. Ты не можешь! Человек должен бояться быть сплетником и не уходить от этого, а делать правильно.

Это называется «не быть равнодушным к крови ближнего своего»?

Да, да. Если человек увидел, заметил в другом неисправное состояние, он должен с ним соединиться и вместе прийти к исправлению.

Что такое «кровь ближнего своего»?

Кровь – это четвертая часть души. На самом низком уровне исправления необходимо помогать именно на том уровне, который оживляет животное тело. Помогать приподниматься именно из такого состояния.

Все остальное он должен делать сам, а ты должен только чуть-чуть его приподнять. Это, так называемая, четвертая часть жизни, что следует из четырех стадий *распространения света*.

Дальше говорится:

/17/ НЕ ПИТАЙ В СЕРДЦЕ ТВОЕМ НЕНАВИСТИ К БРАТУ ТВОЕМУ; УВЕЩЕВАЙ БЛИЖНЕГО СВОЕГО, И НЕ ПОНЕСЕШЬ ЗА НЕГО ГРЕХА.

В принципе, понятно...

Не понятно! Тора рассказывает нам об огромной ненависти между братьями. Именно между ближними *существует ненависть. Между далекими* такой *ненависти* нет, потому что нет причины.

Говорят, «от любви до ненависти – один шаг». Именно кровная связь, если на следующем уровне осознания связи не работает ради подъема, оставаясь на предыдущем уровне, то выражается в очень большой ненависти, в конкуренции, в противоборстве. Находится в ощущении своего брата, как огромной помехи. Это везде!

Вы всё время говорите об этой тонкой грани: «Мы с тобой – братья для того, чтобы суметь подняться».

Да.

Если говорят: «Мы с тобой – братья, просто братья»?

Нет. Почему? Тогда мы с тобой – конкуренты. У нас один отец. Я хочу, чтобы только я был его наследником, а не ты. Мы вместе существуем как равные перед всем миром, а я не хочу никого равного рядом с собой.

Есть брат – значит, я ему обязан. Его хорошие или плохие дела каким-то образом светят на меня хорошим или плохим светом. Я не хочу от него зависеть, но существует зависимость по крови.

Интересно. Всюду противоположности, на самом деле.

Брат – это очень большая помеха. Если у меня есть брат, кто-то постоянно существует в этом мире рядом со мной, сопровождает меня и своими действиями выражает то, что я сам не выражаю. Он как бы раскрывает меня, потому что мы – от одной ступени, от одних отца и матери.

Если я хотел бы что-то скрыть, сделать по-другому, он это делает в своем стиле, решении, виде, и этим как бы дополняет меня или, наоборот, предупреждает меня на моем пути. То есть я завишу от него. Его действия все время светят на меня добрым или злым светом.

Что дает запретительная, указательная заповедь:
НЕ ПИТАЙ В СЕРДЦЕ ТВОЕМ НЕНАВИСТИ К БРАТУ ТВОЕМУ...

Эта ненависть изначально проявляется в природном виде естественным образом, поэтому есть уже и соответствующее указание: «не питай к нему ненависти».

Всё-таки как не питать ненависти?

Братом называется твое отображение на следующей ступени, там, где ты находишься. К своему отображению ты не должен питать ненависти, потому что она показывает, что тебе еще необходимо дополнить относительно себя.

То есть это твое зеркало? И в соответствии с ним ты должен просто готовить свой подъем?

Да. Но тут есть целая система. Почему родители, кроме одного сына, родили еще его брата?

Чего не хватало им? Что они должны были бы сделать в тебе, чтобы не рожать еще кого-то?

Интересный вопрос. Чего же не хватало?

Для чего Якову двенадцать сыновей?

У Авраама был Ицхак и всё. Был еще Ишмаэль, но это совсем другая система. Там взаимных дополнений не было. В конце дней мира раскроется «вся семейка» – как дополняют эти силы друг друга.

О дочерях вообще не говорится. Как правило, если есть сын, рядом рождается дочь. Потому что невозможна мужская часть без женской.

Это части моей души – сын и дочь?

Да, они обязательно идут вместе – мужская и женская часть души.

Так вот, наличие большого количества потомства говорит о несовершенстве родителей. Несовершенстве! У Яакова двенадцать сыновей, потому что он не совершенен. Чтобы достичь ступени Исраэль, ему необходимо привести в полное согласие между собой все двенадцать ступеней. А смотри, что происходит между ними, со *всей* «семейкой»!? Все эти семьдесят душ…

Двенадцать сыновей Яакова, то есть двенадцать свойств, которые выходят из него, должны слиться в единой интегральный связке и тогда станут тем, что называется «Яшар Эль» – прямо к Творцу (Исра Эль). Так все одновременно раскрывается: что и каким образом надо исправить на протяжении огромного количества ступеней исправления.

Яакову необходимо, чтобы возникла ненависть между двенадцатью братьями? Чтобы Йосеф спустился в Египет?

Естественно! Между всеми двенадцатью должен появиться Фараон. Он должен их разделить, а они вопреки ему должны соединиться.

Если соединятся вместе эти двенадцать колен, то в итоге получится исправленная душа – одна единственная! Мы будем свидетелями этому. Поэтому братья – это очень деликатная связка.

Глава «Будьте святы»

Вы сказали интересную вещь, пошли от родителя, что это – несовершенство родителя.

Конечно. Иначе бы было только одно-единственное продолжение. Но соединение может быть только в средней линии. Когда приходят к средней линии, тогда каждый раз происходит правильное сцепление и все идет уже прямо к Творцу.

Потом эти двенадцать колен распределяются по Эрец Исраэль и начинают очищение?

Тогда уже всё происходит постепенно. В той мере, в которой они начнут правильно соединяться между собой, они будут строить основу, называемую Эрец Исраэль. Туда будут входить, естественно, абсолютно все человеческие свойства, все это отдаление частей человечества друг от друга.

Постепенно они начнут объединяться, пока снова не сойдутся вместе в одной точке единения с Творцом. Эта точка в третьем состоянии будет уже на уровне Творца.

Обычно говорится «не питай ненависти к другому», а в данном случае – «не питай ненависти именно к брату». Почему?

Спроси людей, у которых есть сыновья, даже не одного возраста. Как они всё время относятся друг к другу? Они не могут быть вместе. Не могут. Только если какая-то огромная сила, огромное вознаграждение тянет их вперед, то ради этого они соединяются. Это вознаграждение нивелирует природную ненависть.

Братья не любят друг друга. Подсознательно, может быть, не явно, но они всегда конкуренты.

Но если соединение всё-таки происходит, тогда эта спайка очень сильная?

Это соединение возможно только ради цели! Цель пропадет – снова будет то же самое. В нашем мире это зависит от того, живы ли родители, насколько ради родителей они готовы объединиться. Насколько они не могут показать свое разобщение остальным, обществу. Но на самом деле внутренняя ненависть существует – Тора не ошибается.

Да. Чем дальше, тем больше я это вижу.

ЭГОИЗМ ОСЛЕПЛЯЕТ

Здесь же говорится:

...УВЕЩЕВАЙ БЛИЖНЕГО СВОЕГО И НЕ ПОНЕСЕШЬ ЗА НЕГО ГРЕХА.

О чем тут говорится? В принципе, человеку приятно видеть в других неправильные состояния, грехи, преступления. Он при этом чувствуешь себя выше.

Чем они ниже, тем человек выше, и к этому возвышению даже не надо прилагать никаких усилий. Тут человеку видится выгода, но это ложная выгода: если все поглупели, он, таким образом, поумнел? Человек не поумнел! Он так выглядит только относительно них.

Так вот, на это человек не имеет права. Ему дано определить их недостатки, их погрешности, их нарушения – и он должен принять их как свои. Всё исходит из того, что он должен видеть перед собой общую душу. Поэтому нет в мире такого состояния, когда человек видит преступление, какой-то изъян, и этим наслаждается.

Если наслаждается этим, значит, он эгоистически слеп, собственный эгоизм его ослепляет. Он не может смотреть ни на что в мире и радоваться. Что хорошего происходит в мире? Человеку не от чего радоваться каждый день.

Единственное, чему он должен радоваться, это если он стремится подсознательно – насколько способен – и в действии выявить неисправность и привести ее к исправлению. По крайней мере, исправить свое отношение к происходящему.

И самое главное – оправдать в этом Творца, который все ему подставляет для того, чтобы, наоборот, он относился ко всему со злорадством: «Вот хорошо, что Творец плохо с вами поступает».

Действительно, автоматически возникает эта мысль у человека.

Конечно! Человек осуждает Творца, осуждает весь мир и наслаждается этим, глядя, как все между собой грызутся.

Только поэтому мы и смотрим телевизор, только поэтому слушаем новости.

Что же надо сделать, чтобы эту природу изменить?

Мы подсознательно ищем, как бы позлорадствовать над остальными, потому что этим доставляем себе удовольствие: мы в лучшем состоянии. А если это, не дай Бог, говорится о ком-то близком? Я бы хотел это видеть? Я бы хотел услышать, что банк, в котором я храню свои сбережения, лопнул? А если у кого-то другого? Приятно.

Человеческая природа, ничего не сделаешь. Поэтому Тора и показывает нам все точки зрения на одну и ту же проблему – наш любимый эгоизм!

Одна из самых высокорейтинговых передач в России о трагических судьбах известных любимых артистов.

Он выглядел таким счастливым на экранах, и вдруг оказывалось, что он совершенно одинокий человек, с огромными проблемами. В основном так оно и есть. Вообще, нет в этом большого счастья – быть артистом.

Нет, потому что у него нет своей души. Он все время играет в чужую. В наше время вдруг артисты вошли в моду. Мы с ними советуемся, мы ищем от них каких-то мудрых решений, философских, психологических.

Мы вообще начали относиться к театру, не как к игре, в которой мы показываем изнанку человека, но как к чему-то, что может нас чему-то научить. Отсюда наше отношение к артистам, к режиссерам, которые представляют эту игру, как к мудрецам человеческой души.

О чем это говорит?

Это говорит о нашем ничтожном времени. Я ни в коем случае не хочу обидеть этих людей. Ни в коем случае! И у них есть понимание человеческой души, они копаются в ней, разбирают ее. Но после всех этих выяснений, я вижу, что в себе они не разбираются.

То же самое относится и к тем, кто писал великие романы, пьесы. Шекспир, Чехов, другие. Сами по себе они были глубоко переломанными. Притом много раз.

У них не было своего внутреннего столба, от которого бы они вещали. Висит громкоговоритель на высоком столбе и вещает, а столб – стоит! В них такого нет. Они все были перекрученными. Все они были депрессивными, с тяжелыми внутренними душевными проблемами.

Да. Я читал в дневнике Толстого – это тяжелая судьба, тяжелая.

Человек ищет Творца. Когда он начинает входить в другие сюжеты, он теряет себя.

Он начинает играть.

Да. Поэтому все, кто относится к сцене, уходят от нашей основной сцены – от нашей жизни, не относятся к ней, как к игре, а находятся постоянно в постановке. Этого нельзя делать с собой.

Человек – не постановщик. Занимаясь этим трудом, человек в принципе развивает себя. Но при этом уходит от того, чтобы быть настоящим участником своей жизни, а не актером.

Это – проблема. Это то, что ему мешает. Не знаю, как можно ее преодолеть. Мне кажется, что это практически невозможно.

ТЕАТР ИЛИ ЖИЗНЬ

Это занятие не может стать для человека просто зарабатыванием хлеба, без всякого личного отношения? Как сапожник, например?

Если только он играет в ТЮЗе, в каком-то детском театре. Актер должен вкладываться, отдаваться и жить этим. Иначе зритель не будет его воспринимать. Сегодня тебя не будут держать на сцене, даже в качестве третьеразрядного актера, без четкого перевоплощения. Так работает система Станиславского.

Но было и есть много подходов, когда используется принцип дистанцирования от образа – отстраненное воплощение идеи. Театр Брехта, например.

Но если происходит перевоплощение – это не оставляет места человеческой личности актера. И это откладывается на всю жизнь. Каждый день спектакли и каждый день актер в вымышленном образе – это очень тяжело.

У нас есть артисты, которые с нами учатся. Им не просто, конечно?

Им не просто. Они находятся на грани срыва все время. Я это чувствую, но ничего не могу сделать.

«Не нести греха за ближнего своего» – как это можно объяснить?

Видя неисправности в человеческом обществе, внутри отдельного человека, – это все относительно общества меряется, – человек не имеет права не включиться в исправление.

Каждый должен чувствовать себя грешником, вором, убийцей. Каждый должен откопать в себе судью, независимо от своего проступка. Каждый должен призвать Творца и судить себя, исправлять себя и приподниматься благодаря раскрытию этого преступления.

В себе?

Да. Все время говорится, как на разных ступенях быть экспертом и исправляющим, и достигающим исправления. Человек сочетает в себе все эти свойства: Творца, судьи, грешника, мудреца и так далее.

Если все-все сочетается в человеке, значит, что он решил эту проблему. И каждый раз так, потому что человек включает в себя весь мир. Из этого мы исходим, что человек – это маленький мир.

Огромная глубина стоит за всеми этими законами.

ЧТО-ТО ИЗ ТЕБЯ ПОЛУЧИТСЯ

В главе «Будьте святы» впервые для всего народа говорится о законах, которые он должен соблюдать. До этого рассказано было Моше, потом Моше рассказал Аарону, потом – старейшинам.

Поэтому и называется «Будьте святы». «*Кдошим тиию ки кадош Ани*» – вы обязаны подняться до уровня святости (до уровня полной отдачи и любви к ближнему), «потому что Я – Творец» – так заканчивается любое указание.

И еще в конце почти каждого указания повторяется «ближнего своего». Раньше такого не было.

Да, потому что тут уже все дается для практического использования.

После всех переходов и стояния вокруг горы Синай уже началось четкое движение?

Я бы сказал, что до этого момента была подготовка материала, подготовка предводителей, создание внешних условий. Все это сформировалось и, в общем, прошло, и народ сам прошел неосознанные стадии своего развития, совершенно не включая себя.

Сейчас идет стадия, когда народ должен включаться в то, что он делает и что с ним делается. С этого момента он и начинает строить себя.

До этого он шел за Моше и двигался почти неосознанно?

Да, да. Во всех наших движениях, кем бы мы ни были, всегда часть пути мы проходим неосознанно. Потом уже на основании того, что было, мы начинаем осознавать, что прошли и почему, извлекать из этого уроки и находить какие-то схемы, зависимости, правила, и уже дальше идти более осознанно.

Итак, пойдем дальше. Следующий закон:
/18/ НЕ МСТИ И НЕ ХРАНИ ЗЛОБЫ НА СЫНОВ НАРОДА ТВОЕГО, И ЛЮБИ БЛИЖНЕГО СВОЕГО, КАК САМОГО СЕБЯ: Я – БОГ.

Что такое – «не мсти» и особенно – «не храни злобы»?

Надо читать не с начала, а с конца: «Я – Бог», – Я подставляю все эти вещи для того, чтобы научить тебя быть в состоянии полнейшей отдачи и любви.

Что такое «не мсти», как бы тебе этого ни хотелось?

Ничего не принимай как исходящее от кого-то и не делай обратного движения не в отдаче и любви. Любое приходящее к тебе состояние, каким бы оно ни было ужасным, от кого бы оно ни исходило, ты должен понимать, как исходящее от Меня. И должен строить себя над этим состоянием относительно Меня.

ГЛАВА «БУДЬТЕ СВЯТЫ»

Не может быть речи ни о мести, ни об ответных действиях к тем объектам и посредникам, через которых Я тобой управляю. Ты не должен относиться к ним, ты должен относиться ко Мне.

Я буду дергать тебя через проблемы в жизни и всевозможные препятствия, состояния, а ты, именно благодаря раскрытию в них Моего воздействия, будешь укрепляться и менять себя.

Настраиваясь через различные внешние возмущения на Меня, все время таким образом ты должен себя корректировать. В итоге, из тебя может что-то получиться. В этом и заключается обучение.

Как не хранить злобы, например? «Не мсти и не храни злобы». Как держать все время в голове, откуда это приходит, и таким образом подниматься?

Это первая стадия, которая называется *хафец хэсэд*.

Милосердие?

Не совсем милосердие. Милосердие, сострадание направлены на отдачу кому-то. Тут не сострадание.

Хафец хэсэд – это состояние, в котором человек ничего для себя не желает, он – нейтрально существующий, практически, как будто не существующий.

Это полное сокращение на получение?

Да, это человек, который ничего не вбирает в себя.

Это стадия «не мсти и не храни злобы»?

Да. Ничего не вбирать в себя. Это огромное исправление, потому что внутри он – очень большой эгоист с очень четким, острым ощущением всего того, что действует против него.

Со всех сторон его тыкают, колют, щиплют, толкают, обзывают – всё, что угодно. А он внутри себя делает такие исправления над своим эгоизмом, что в результате остается в блаженстве.

Вы представляете, что это такое?

Я представляю, что это то, что требуется. Поэтому в конце и сказано: «Я – Бог».

ДУХОВНЫЙ СОЦИУМ
Дальше есть такое маленькое дополнение:

НЕ ХРАНИ ЗЛОБЫ НА СЫНОВ НАРОДА ТВОЕГО

Говорится, «на сынов народа твоего» и «люби ближнего своего, как самого себя».

Именно благодаря правильной связи с людьми, подобными по свойствам, идущими к объединению и к подобию Творцу, человек и достигает своего полного исправления. Поэтому не с собой человек должен уже бороться, а бороться внутри себя за то, чтобы входить в контакт с другими.

«С народом своим» – имеется в виду, что человек должен не отталкивать никого и ничего, как об этом говорилось в первой части.

В этой части он должен быть связан с другими правильно, интегрально, подлаживаясь под них, чтобы создать общую систему, духовный социум. Человек принимает все их свойства и исправления, как подходящие для себя.

Глава «Будьте святы»

Человек все время должен чувствовать, как меняться, какую форму принимать под окружающем воздействием, исходящем и от далеких, и от близких. От далеких – как формирующих меня, а от близких – как не только формирующих меня, но и требующих быть в правильной связи с ними. Они диктуют мне мою внешнюю форму, чтобы я встал на свое место подобно пазлу в общей картине.

«С народом своим» – это работа над свойствами для того, чтобы совместить себя со всем народом своим. То, в чем человек должен существовать со всеми окружающими свойствами, желаниями, мыслями, – это и есть последняя задача.

Она может быть осуществлена только, если человек уже работает на связи с окружением. Поэтому тут уже идет указание «Возлюби ближнего».

Еще раз – очень важный момент: а далекий от меня...

Далекий – это работа над хафэц хэсэд.

Человек не принимает ничего в себя?

Да. Но внутренне с помощью свойства отдачи человек себя строишь так, что всё, что делается, приходит от них, от далеких, настраивает человека на уровень бины, то есть делает полностью нейтральным. Таким образом человек уравновешивает эгоизм.

Когда это состояние приходит уже через близких, то есть находящихся в прямом контакте с человеком, тогда он строит себя уже на связи с ними.

Далекие – это отдача ради отдачи, а близкие – получение ради отдачи.

Здесь уже в который раз упомянуто «и люби ближнего, как самого себя». Вы можете объяснить это просто?

А чего тут проще? Как любишь себя.

Как человек любит себя? Только себя он и любит?

Да.

Как я могу впустить в себя еще кого-то? Я себя люблю!

Ты не должен в себя никого впускать. Ты должен просто ощутить всех, как себя.

Тот, кто напротив меня, – это я? Это часть меня? Или это я и есть?

Да, это я.

Это не так просто.

Не только не просто, это невозможно. Тут не говорится о том, возможно это или нет. Говорится о другом: человек должен этого достичь. А каким путем – это уже другой разговор. Здесь ставится условие.

Как Вы говорили, вся Тора – это, в принципе, постижение этого условия.

Да, но сначала даются заповеди, то есть четкие законы Высшего мира, а затем уже методы их реализации.

Человек должен быть с этим согласен? Закон «и люби ближнего, как самого себя» мне спускается. Его «Я» включается или нет?

Что значит, согласен? Как согласиться? Внутренне я устроен не так. Это значит, я с ним не согласен!

Так что же делать с несогласием?

Проверить, насколько я с ним не согласен и что я должен сделать, чтобы получить на это внутреннее согласие своих свойств, то есть достичь такого уровня! Сейчас я, конечно, не согласен. Сейчас я абсолютно не желаю слышать это, не хочу! Пускай говорят.

ПОМИДОР ИЛИ ТАБЛИЦА МЕНДЕЛЕЕВА?

/19/ УСТАНОВЛЕНИЯ МОИ СОБЛЮДАЙТЕ; СКОТА ТВОЕГО НЕ СВОДИ С ДРУГОЙ ПОРОДОЙ; ПОЛЯ ТВОЕГО НЕ ЗАСЕВАЙ ЗЕРНОМ РАЗНОРОДНЫМ, И ОДЕЖДА ИЗ СМЕШАННОЙ ТКАНИ – ШЕРСТЯНОЙ И ЛЬНЯНОЙ – ДА НЕ ПОКРЫВАЕТ ТЕБЯ.

Это в точности до наоборот от того, как мы сейчас живем. В том числе эти генно-модифицированные продукты.

А можно такие аналогии проводить?

Мы меняемся страшно! Мы еще не знаем, как это влияет на нас. Конечно, все входит в общую неисправленность человечества. Если уже месяц килограмм помидоров стоят у меня на кухне при тридцатиградусной жаре на улице и сохраняют такой же вид, как месяц назад, – значит, это нечто неживое.

Это не растительное – это неживое. Это то, в чем жизни нет! Оно не относится ни к растительному, ни к животному состоянию. Это не та пища, которую организм должен воспринимать.

Взяли контейнер, который называется «помидор», поместили в него какие-то энергетические основы и предложили мне это в виде красного помидора. А на самом деле это не помидор, а скопище химических элементов.

Конечно, организм мой живет, питается этим, но это совсем не то, что нужно получать от природы. Мы не знаем – мы только сейчас начинаем раскрывать, каким образом это воздействует на нас. Есть ли связь между этим продуктом и нашим нравственным, общественным поведением, нашим восприятием мира.

При этом во мне могут меняться не только внутренние программы, а сами элементы моего тела. Где-то 10-15 лет назад мы думали, что хакеры, которые заражают компьютеры вирусами, могут повредить только программы, но не железо. Но в дальнейшем мы убедились, что они могут повредить и железо. Вот, что интересно.

К чему я это говорю? Мы не представляем последствий генно-модифицированных продуктов.

Производители говорят, что их продукция – единственная возможность прокормить людей.

Существуют последствия этого вмешательства?

Последствия – очень большие! Ничего в мире просто так менять нельзя!

Но производители правы, со своей точки зрения. Если мы не сделаем такие овощи, то их просто не будет на столе потребителя. Или они будут стоить огромных денег. Поэтому потребители вынуждены питаться пластиком.

Вы сказали о нравственных последствиях. Существуют внутренние нравственные последствия? Изменение взгляда на мир?

Все идет в худшую сторону, потому что мы удаляемся от природы. И в то же время, благодаря этому, мы начинаем понимать тупик, в который зашли. Это – закон отрицания отрицания.

Мы удаляемся от природы, и нам, «человеку в нас» становится хуже, хотя нашему «животному» лучше.

Вы считаете, что надо действительно удалиться, чтобы понять, что мы удаляемся?

Так в любом деле! Осознание зла не может быть другим.

Невозможно разумом, данным человеку, это постичь?

Нет. Никак! Это должно быть только посредством ударов.

Далее:
СКОТА ТВОЕГО НЕ СВОДИ С ДРУГОЙ ПОРОДОЙ; ПОЛЯ ТВОЕГО НЕ ЗАСЕВАЙ ЗЕРНОМ РАЗНОРОДНЫМ, И ОДЕЖДА ИЗ СМЕШАННОЙ ТКАНИ... – *не надевай*.

Что это в наших желаниях, что это внутри человека? В чем здесь состоит его работа?

Правая и левая линия!

Он две линии не соединил?

Да, человек не имеет права. Каждый свой поступок, свои мысли или желания – все он должен выполнять так, чтобы они были направлены на отдачу или на получение. Чтобы осознавать: это – получение ради отдачи или отдача ради получения. Главное – произвести правильный анализ свойств человека.

Если говорится, допустим, о породе скота, о поле, об одежде из смешанных тканей?

Речь идет о разных уровнях человеческого желания.

Всё находится в человеке! Человек – маленький мир. Это наша первая установка. Согласно восприятию мира, мы считаем, что все находится внутри нас, и своими чувствами мы только проецируем все, существующее в нас, вне себя.

НЕСВОБОДНАЯ ЖЕНЩИНА

Еще один закон:

/20/ И ЕСЛИ ЧЕЛОВЕК ЛЯЖЕТ С ИЗЛИЯНИЕМ СЕМЕНИ С ЖЕНЩИНОЙ, А ОНА – РАБА, ОБРУЧЕННАЯ МУЖУ, НО ЕЩЕ НЕ ВЫКУПЛЕННАЯ, ИЛИ СВОБОДА НЕ ДАНА ЕЙ, ТО ОБА ДОЛЖНЫ БЫТЬ НАКАЗАНЫ, НО СМЕРТИ ОНИ НЕ ДОЛЖНЫ БЫТЬ ПРЕДАНЫ, ИБО ОНА НЕ БЫЛА ОСВОБОЖДЕНА. /21/ И ПУСТЬ ПРИНЕСЕТ ОН ПОВИННУЮ ЖЕРТВУ СВОЮ БОГУ КО ВХОДУ В ШАТЕР ОТКРОВЕНИЯ: БАРАНА ПУСТЬ ПРИНЕСЕТ В ЖЕРТВУ ПОВИННУЮ. /22/ И ИСКУПИТ КОЭН ЕГО ГРЕХ, КОТОРЫЙ ОН СОВЕРШИЛ, ПРИНЕСЯ БАРАНА В ПОВИННУЮ ЖЕРТВУ ПРЕД БОГОМ, И ПРОЩЕН БУДЕТ ЕМУ ГРЕХ ЕГО, КОТОРЫЙ ОН СОВЕРШИЛ.

Это очень непростые условия. Тут надо рассказывать про малхут, про желание, которое еще не исправлено, еще не свободно и которое взаимодействует с первыми девятью сфирот.

Описанное в этом отрывке:

«ЧЕЛОВЕК ЛЯЖЕТ С ИЗЛИЯНИЕМ СЕМЕНИ С ЖЕНЩИНОЙ, А ОНА – РАБА, ОБРУЧЕННАЯ МУЖУ, НО ЕЩЕ НЕ ВЫКУПЛЕННАЯ».

ГЛАВА «БУДЬТЕ СВЯТЫ»

Что это такое?

С одной стороны, она ему не подходит. С другой стороны, она обязана выполнять его желания.

Речь идет о парцуфе – духовном состоянии, в котором находятся отдающая часть (мужская) и получающая (женская).

Желание (женская часть) еще не свободно, в нем нет ни своего сокращения, ни своего экрана. Мужская часть свободна, и таким образом она желает работать с желанием, хотя оно еще не исправлено.

Тут проблема, конечно, не в женской части, а в мужской. Потому что он начинает работать на отдачу с еще неисправленной малхут. Это неправильно.

Если сделано действие и таким образом оно раскрывается, то как он может его исправить теперь? Что он делает при этом? Его приводят к коэну. Потому что они оба – мужская и женская часть – должны подняться на следующую ступень.

Далее:

/21/ И ПУСТЬ ПРИНЕСЕТ ОН ПОВИННУЮ ЖЕРТВУ СВОЮ БОГУ КО ВХОДУ В ШАТЕР /22/ И ИСКУПИТ КОЭН ЕГО ГРЕХ, КОТОРЫЙ ОН СОВЕРШИЛ, ПРИНЕСЯ БАРАНА В ПОВИННУЮ ЖЕРТВУ ПРЕД БОГОМ, И ПРОЩЕН БУДЕТ ЕМУ ГРЕХ ЕГО, КОТОРЫЙ ОН СОВЕРШИЛ.

Сейчас он должен добавить и вознести к свойству бины именно ту часть, на которую малхут не была свободной.

Это и есть жертва, которую он приносит?

Да. То, что не хватало женской части – малхут, чтобы правильно совокупиться с девятью сфирот, то есть принять весь свет ради отдачи.

На каждом этапе исправления есть тысячи таких неправильных возможностей. Это внутреннее исследование человека, его анализ: может он правильно увидеть себя или нет? С какими желаниями он работает? Находятся они в свободном состоянии или нет? А если начнешь получать какие-то наполнения, то не станешь ли при этом снова рабом? Практически невозможно это знать заранее. В этом нет ничего страшного.

В Торе предусмотрены абсолютно все ситуации, которые случаются. Это исправление на следующем уровне. Есть мужская часть, женская часть и высший парцуф – коэн. Исправление происходит всегда в третьем высшем парцуфе.

Раба, которая обручена мужу, относится к мужу?

Да.

Если человек ляжет с этой женщиной?

Они не подходят друг другу. Он не может работать с этим желанием!

Но он работает с ним?

Да. Он желает отдавать, желает работать ради Творца, то есть желает совершить духовное действие. Но до конца он не проанализировал, не проверил его, потому что в этих свойствах он, может быть, этого и не знал. Тут есть еще очень много разных вариантов.

Получилось, что не произошло контакта между первыми девятью сфирот и десятым желанием. Это желание еще не подходит, поэтому женщина и оказалась относительно него несвободной, обрученной.

Это и есть преждевременное желание наполнить?

Это не до конца исправленное желание человека, с которым он желает работать на отдачу. Искренне.

Потом он исправляет окончательно, докупает его. Он должен понести как бы наказание – принести жертву. Ту добавку, которая необходима, чтобы искупить грех.

Что значит искупить?

Или он добавляет, и тогда может быть сказано: «И она становится его женой». То есть от себя к ней он добавляет исправления, и, таким образом, вместе они становятся одним парцуфом – девять сфирот и десятая (малхут), уже исправленная.

Или он просто искупает свое действие. В желание, в малхут, в неисправленную женскую часть вошел свет. Это надо исправить, чтобы она вернулась к своему предыдущему состоянию.

Что-то проясняется….

Пока на себе не прочувствуешь – невозможно понять. Это дополнительные исправления.

Тут вообще нет жертвы в обычном понимании. *Курбан* (жертва) – от слова *каров* (приближение). Это исправление. Большое исправление!

Что Вы подразумеваете, когда говорите «исправление»?

Исправление желания с эгоистического на альтруистическое.

Это желание было эгоистическим?

Эгоистическим относительно этой женщины. За свой поступок с ней он должен теперь исправлять ее и себя.

ВСЕ ЗАВИСИТ ОТ НАЛИЧИЯ ДУШИ

Мы разбираем непростые законы, которые излагаются народу.

Сама глава, которая называется «Кдошим» – «Будьте святы», говорит о том, что мы должны достичь уровня святости. Святыми будьте, «потому что Я свят», – сказал Господь.

Святой – это полностью отреченный от своего эгоизма. От эгоизма человек избавиться не может, но может приподняться над ним.

Приподняться до уровня святости – значит подняться и выйти из эгоизма. Эгоизм весь находится внизу, а человек – вверху. То есть вся глубина эгоизма обращается человеком в альтруизм. В отдачу, в любовь. Это и называется святостью.

Уровень святости строится над человеческим эгоизмом. Он никуда не исчезает, но благодаря подъему над ним, человек достигаешь этой ступени.

Откуда у меня появилось желание подняться?

Это внутреннее давление. Оно зависит от того, есть душа в человеке или нет. Человек начинает подниматься до определенного уровня: выше, еще выше. Если полностью поднялся, значит, достиг уровня бины – свойства отдачи, свойства святости.

Это и есть выполнение этих законов?

Тех, что написаны в этой главе. Но есть продолжение. Это не конец исправления, а только начало, первая часть.

Выполнение каждого закона – это как бы обработка эгоизма?

Да, человек только приподнимаешься над эгоизмом, не используя его. Затем начинает использовать его в обратном ключе. Насколько он желал получать, испытывать наслаждение от того, что использует, эксплуатирует других, настолько теперь, наоборот, он эксплуатирует себя ради других. Это называется получение ради отдачи.

В Торе рассказывается только о подъеме или и о том, как непосредственно идет эта обработка?

Говорится в основном о подъеме над эгоизмом. Первая часть – это достижение святости.

А потом?

Потом вход в Эрец Исраэль. Тут уже говорится о следующем этапе. Но в том виде, который необходим для народа Израиля, то есть для тех, кто проходит это состояние, а не для всего мира. Затем пишется для всего мира, но уже не в Торе, а сказано в каббале – в Книге Зоар и других.

Тора написана не для всего мира?

Тора как источник написана для всего мира. Написана таким универсальным языком, что кроме нее ничего не надо. Но самое главное, что мы не можем пользоваться этим текстом напрямую: для этого мы должны быть на том уровне святости, с которого писал Моше. Поэтому мы не понимаем, что сказано в Торе.

Мы начинаем по-настоящему понимать, что здесь сказано и все ощущать только после подъема? А подъем этот как происходит: неосознанно или осознанно?

Какой смысл производить его неосознанно? Конечно, сам человек должен действовать. Тут же есть указание «святыми будьте». Это обращение к человеку.

То есть все время «идите за этими законами»?

Человек должен полностью освоить свой эгоизм и довести его до уровня святости.

Это происходит внутри человека? Можно осознать, исследовать эту работу внутри человека?

Да. Можно это принять для себя таким образом, а можно не принять. Нам не надо строить фиктивные отношения между нами, которые были бы подобны этому рассказу. Нам надо менять себя. И из того, что мы будем себя менять, эти отношения будут строиться.

Тогда давайте приступим к следующему закону в ощущении изменения себя. Говорится следующее:

/23/ И КОГДА ПРИДЕТЕ ВЫ В СТРАНУ И ПОСАДИТЕ КАКОЕ-ЛИБО ДЕРЕВО ПЛОДОНОСНОЕ, ТО СЧИТАЙТЕ ПЛОДЫ ЕГО НЕОБРЕЗАННЫМИ; ТРИ ГОДА ДА БУДУТ ОНИ ДЛЯ ВАС НЕОБРЕЗАННЫМИ, НЕЛЬЗЯ ЕСТЬ ИХ. /24/ А В ЧЕТВЕРТЫЙ ГОД ВСЕ ПЛОДЫ ЕГО ПОСВЯЩЕНЫ ВОСХВАЛЕНИЮ БОГА. /25/ В ПЯТЫЙ ЖЕ ГОД ВЫ МОЖЕТЕ ЕСТЬ ПЛОДЫ ЕГО, И УМНОЖАТСЯ ДЛЯ ВАС ПЛОДЫ ЕГО. Я – БОГ, ВСЕСИЛЬНЫЙ ВАШ.

Идет разделение на три, четыре и пять. Три – не есть, четыре – посвятить Богу и пять – можете есть. Что это за работа человека внутри себя?

Если ты занимаешься собственным исправлением, у тебя существует пять уровней эгоизма. Первые три уровня: 0, 1 и 2 – такие, что на них человек еще вообще не можешь ощущать свои эгоистические желания. Как ребенок, как подросток, как человек, который еще не осознает себя. Когда он проходит три этапа, три ступени, он достигает четвертой ступени.

Четвертая ступень – это и есть уровень святости. Все плоды, которые взращиваешь на четвертом уровне – это уровень бины, ты должен отдать. Это называется отдача ради отдачи.

МИР БЕЗ ГРАНИЦ

То есть ради Творца?

Да. После того, как человек это сделал на четвертом уровне, он выходить на пятый уровень. Тут даже получение будет ради отдачи, – и тогда человек может их употреблять.

Но в нашем мире это соблюдается, только если человек находится в земле Израиля, не за границей. Поэтому ведутся постоянные споры. А где же земля Израиля, где ее настоящие границы? Где она кончается? Тут наши местные фермеры имеют неприятности, потому что согласно библейским границам это царство царя Давида – еще до Первого Храма.

В соответствии с тем, как распределились 12 колен в Эрец Исраэль?

Да, да. А это и Иордания, и Сирия, и Ливан – довольно широкие границы. Когда мы ввозим что-то оттуда, возникают проблемы, возделывается земля израильтянами или нет. Есть много других проблем. Но к нам они не относятся, мы занимаемся духовным исправлением, а не физическим.

Поэтому здесь сказано: «Когда придете вы в страну и посадите какое-либо дерево…». Именно в эту страну придете?

Человек приходит в желание, начинает его обрабатывать. Из неживого оно становится растительным. Только после того, как человек проходит первые четыре стадии: 0, 1, 2, 3 – он может применять ради отдачи свое растительное желание.

Стадия три – это четвертая стадия бины, когда всё отдается на Храм. И только четвертую, последнюю, ты используешь ради себя, потому что твое получение будет уже ради отдачи.

Вы верите, что земные границы царства Давида должны быть именно такими?

Границы Израиля когда-то включали Синай, даже часть до Нила, с одной стороны, а, с другой стороны, они практически доходили до Месопотамии. Указано в Талмуде, что, в сущности, до Вавилона.

Я не считаю, что мы должны спорить о том, где границы. Исправление, которое приближается к нам в вынужденном порядке, все равно будет уничтожать все границы. И стушевывать абсолютно все границы между народами, культурами, между образом жизни, – все будет очень унифицировано.

Смешение народов, что существует в Европе, – это точный сценарий?

Это то, что должно быть. Тот же Вавилон, но исправленный.

Почему это не очень касается Израиля? Почему смешение происходит везде, а не в Израиле?

Потому что Израиль должен быть учителем, руководителем этого исправления, должен его продемонстрировать.

Пойдем дальше. Вот очень короткая заповедь:
/26/ НЕ ЕШЬТЕ С КРОВЬЮ; НЕ ГАДАЙТЕ И НЕ ВОРОЖИТЕ.

Меня интересует эта связь: не ешьте с кровью – это одно, при чем здесь дальше – не гадайте и не ворожите?

С кровью есть нельзя, потому что кровь является оживляющей силой души. Кровь – имеется в виду свет.

Кровь – это свет хохма, который идет именно в желание, в мясо, то есть в желание четвертой стадии. Поэтому нельзя употреблять желание на таком уровне, если в нем находится свет.

Необходимо исправить отдельно желание, сделать на него сокращение, создать на него экран, взвесить все. Это и есть те законы, на основе которых выстраиваются законы кашрута, согласно которым кашеруют мясо, то есть делают его пригодным к употреблению.

Сливают всю кровь, это важно.

Да-да. Мясо с кровью употреблять в пищу нельзя. Кровь вообще употреблять нельзя. Ее надо сливать в отдельное место. В Храме кровь собиралась в определенные сосуды, это была целая процедура. Что является оживляющей силой души в нашем мире и в духовном – это необходимо самому исследовать и отделять одно от другого.

И тут же написано: «не гадайте и не ворожите».

«Не гадайте и не ворожите», – я бы сказал, что этот запрет следует из запрета не употреблять кровь.

«Не гадайте и не ворожите» – во-первых, значит, что ты можешь гадать и ворожить. И можешь получать какие-то правильные ответы. Но не имеешь право этим пользоваться. Потому что это противоречит действию на полную отдачу. Это противоречит тому, как говорят некоторые религиозные: «Я верю, то есть закрываю глаза, иду вперед, как слепой».

«Не ворожите и не гадайте» – значит, что все действия в разуме и в сердце должны быть направлены на полную отдачу. Полная отдача никогда не представляет собой действия ради себя, как например, ворожба и гадание.

Необходимо брать установку на полную отдачу, на Творца, на окружающих и идти. Тогда не возникает вообще потребностей в ворожбе или в гадании.

Это говорится о самом человеке «не гадать и не ворожить»? Чтобы человек не гадал и не ворожил?

Чтобы он приподнимался над своим эгоизмом.

Речь не идет о том, чтобы человеку не гадали и не ворожили, а чтобы он не гадал и не ворожил? Чтобы он поднимался. Чтобы не видел свое будущее, как таковое?

Да-да, это то же самое.

ГЛАВА «БУДЬТЕ СВЯТЫ»

ПОДСТАНЦИИ ВЫСШЕГО СВЕТА

Дальше есть такой закон:
/27/ НЕ СТРИГИТЕ КРАЕВ ВОЛОС ВОКРУГ ГОЛОВЫ ВАШЕЙ И НЕ ПОРТИ КРАЯ БОРОДЫ ТВОЕЙ.

Мы знаем, что волосы – это путь распространения света хохма с парцуфа Арих Анпин в Высшем мире от особенного блока. Надо постоянно добавлять в систему желания к возвышению.

Это добавление волос?

Да. Волосы – *сэарот*, от слова *соэр* (кипящий), то есть желающий настолько, что крайне возбужден в своем желании. Надо постоянно пытаться сохранять определенный уровень нашего устремления, напряжения навстречу потоку света хохма, и тогда он будет нисходить вниз.

Край именно волос?

Да, особенно волос, которые нисходят сверху на бороду, не брить именно их. Тут имеет значение еще и борода, верхняя часть бороды, нижняя часть бороды – всего 13 частей бороды. Каждая из них нуждается в особом исправлении, потому что это все – поступенчатое нисхождение Высшего света к низшим потребителям, то есть к нашим душам.

Это как бы стекает свет хохма...

По системе ослабления. Как на электростанции есть трансформаторные подстанции, которые служат для преобразования напряжения. Так и человек должен постоянно следить за этим нисхождением, потому что нисхождение света зависит от его желания.

Сегодня есть системы с обратной связью, как, например, счетчики электроэнергии, учитывающие потребление энергии в различное время суток. Таким образом, поставщик получает детальную информацию о расходе электроэнергии, а у потребителя есть обратная связь с поставщиком.

Так у человека есть обратная связь с источником света. Свои желания человек должен направлять к Нему, только благодаря желаниям человека свет выходит из Него и идет к человеку. До тех пор, пока желания человека к свету не дойдут до источника, он не начнет направлять свет к человеку.

Это и есть сэарот. То есть сэарот человек строит сам! Он страдает, он желает нисхождения света для того, чтобы свет его исправил и дал возможность работать на отдачу.

При всем этом внутреннем понимании человек все-таки строит себя похожим на эти состояния.

Мы созданы в соответствии с этим. В принципе, человек должен быть устроен так, как устроен, – он должен быть таким, как есть. Такими мы родились и должны быть такими. Нельзя себя менять. Но есть вещи, которые мы обязаны исправлять. Мы обязаны стричь волосы там, где можно. Мы обязаны стричь ногти.

А остальное – все по природе, ничего не трогать?

Да. Я не знаю, я не занимаюсь внешними параллелями духовного мира. В первую очередь мы должны думать о том, как быть подобными нашему духовному образу. А внешность – понятие относительное.

ГЛАВА «БУДЬТЕ СВЯТЫ»

Да, есть законы, которые мы обязаны почувствовать внутренне.

ЗРЯ Я СТОЛЬКО МУЧИЛСЯ

Есть еще законы, изложенные в главе «Кдушим» которые мы обязаны почувствовать внутренне. Они были переданы Моше народу.

Это очень глубокая глава, потому что она затрагивает тайные слои мироздания – управления миром со стороны Единой силы.

Моше спустился к народу – после старейшин, после Аарона – он спустился к народу и передает ему законы.

Народу, который находится в состоянии отдачи, в свойстве отдачи, а не в свойстве получения. Не в эгоизме уже, а уже в надэгоистическом состоянии.

То есть он сразу понимает внутренний смысл?

А иначе Моше не передавал бы законы народу – не мог бы передать. Ведь человек слышит совершенно по-другому все свойства, законы мира. Поэтому и говорится – тайная наука.

Если человек находится в ключе эгоистического восприятия, то его восприятие крайне ограничено: он читает Библию (Тору), и она для него не что иное, как историческое повествование.

А если человек читает Тору в свойстве отдачи, то она для него звучит совершенно по-другому – ему, открывается, так называемая тайная часть Торы.

То есть никто ее не засекретил, она для этого поколения была совершенно открытым источником?

А секрет – внутри человека. Если повернешь ключик в обратную сторону, будешь видеть внутреннюю часть, потайную часть. Если ключик не можешь повернуть, тогда ты видишь и слышишь только внешнюю часть.

Давайте хоть пол-оборота сделаем.

И продолжим. Вот такой закон:

/28/ И ЦАРАПИН ПО УМЕРШИМ НЕ ДЕЛАЙТЕ НА ТЕЛЕ ВАШЕМ, И НАКОЛОТОЙ НАДПИСИ НЕ ДЕЛАЙТЕ НА СЕБЕ. Я – БОГ.

Говорится о том, что не надо сожалеть об эгоистических потерях.

Обо всем, что в человеке было, когда он хотел захватить весь этот мир, прибрать его к рукам: все богатство, власть, славу, знания – всем владеть, всем наслаждаться, все иметь… И теперь, когда человек переходит этот Рубикон в обратную сторону, в Высшие свойства, свойства отдачи и любви, когда все идет наружу, и все его бывшие силы, желания, стремления, чаяния – всё обращается, наоборот, в отдачу на других – ни в коем случае нельзя жалеть об этих умерших (желаниях) в том состоянии, в котором ты их оставил.

«Зря я столько мучился, столько лет…» – часто можно слышать это от людей.

Это называется «царапины на теле»?

Да, да. Как он себя истязает по своим умершим близким желаниям, чаяниям, зря потраченным годам: «Я на тебя всю жизнь положил!»

Это то, что мы от женщин обычно слышим. Это так эгоизм работает.

Это на каждом эгоистическом уровне происходит. И тогда, когда оборачивалась жена Лота и превратилась в соляной столб?
Да. То же самое.

То есть на каждом уровне не вспоминать о прошедшем?
Ни в коем случае! Прошедшего нет. Отработал – все. Как ступень в космическом корабле.

Дейл Карнеги строил на этом свою систему по успокоению – «не думай о пролитом молоке». И на этом построил и бизнес, и целую систему. И она работала очень хорошо, говорят.

Дальше очень важный момент:
/28/ ...И НАКОЛОТОЙ НАДПИСИ НЕ ДЕЛАЙТЕ НА СЕБЕ.

Да. Ты не имеешь права вообще заниматься тем, что увековечиваешь какую-то эгоистическую реальность. Она – временна, она проходит. Ты из нее выходишь – и ее не существует, просто она должна сгореть!
Сжигать за собой мосты.

А если ты делаешь наколотую надпись, она существует до твоей смерти?
Да. И причем, ты ее накалываешь на коже – это самый верхний слой эгоизма.

Что это значит?

Моха, ацамот, гидин, басар вэ-ор. То есть мозг, кости, жилы, мясо, кожа. Кожа – это самая внешняя эгоистическая часть.

Самая эгоистическая?

Да. Самая эгоистическая. Поэтому на коже животного пишут Тору. И когда-то вообще книги писали на коже.

Говорится об исправлении этой эгоистической части?

Да. А в нашем случае говорится о том, что человек не имеет права использовать кожу как памятник для твоих состояний. Человек как бы останавливает свое движение, он не хочет выйти за пределы этой субстанции – высшей, эгоистической.

В наше время страшно популярны эти наколки на коже, на теле.

Сейчас это приобрело такие формы – это целое искусство. Потому что мы проходим последние стадии эгоистического развития. И поэтому человека к этому тянет.

Можно сказать, что этот запрет относится к нашему материальному миру тоже?

Да.

То есть человек не должен оставлять надписи, которые будут у него до его конца. Они не ведут ни к какому исправлению.

Нет. Но в нашем мире это просто отражение тех внутренних свойств, которые мы проходим и испытываем, которые мы должны пройти и выйти, наконец, в Высший мир. Это говорит о нашем конечном эгоистическом состоянии.

Действительно, на каждом шагу эти рисунки.

Да, татуировки очень серьезные.

РОЖДЕНИЕ ДЕВОЧКИ

Дальше такое правило, закон. Законы где-то повторяются, но повторяются с какой-то добавкой всё время, потому что они на новом эгоистическом уровне:

/29/ НЕ ОСКВЕРНЯЙ ДОЧЕРИ ТВОЕЙ, ПРЕДАВАЯ ЕЕ РАЗВРАТУ, ЧТОБЫ СТРАНА НЕ ИЗВРАТИЛАСЬ И НЕ НАПОЛНИЛАСЬ СТРАНА РАЗВРАТОМ.

Странное соединение: с одной стороны, говорится «не оскверняй дочери твоей», а дальше – чтобы «страна не осквернилась». Вдруг такая связь – дочь моя, то есть дочь внутренняя, и страна. Что это такое?

Человек рожает мужское и женское начало из себя. И надо так устроить их направление, их работу, чтобы они могли быть основой следующей высшей ступени. Страна – имеется в виду земля (эрец, рацон) – желание, надо, чтобы это желание не было оскверненным. Женское начало считается основой, оно рожает, оно воспитывает, оно делает следующую ступень.

Человек должен оберегать это женское начало, которое из него появляется.

Обычно любая ступень рожает одновременно мужское и женское начало. В Торе нигде не указано, что рожают девочек.

Да, всё время мальчиков.

Мальчиков, мальчиков, как будто женщин нет. Это, потому что рядом с мальчиком всегда рождается девочка. По духовным законам не может быть одно без другого.

Но всегда женщина очень сильно влияет: подводит к умирающему отцу, благословляет... То есть женщина – направляющая...

Да. Направляющая сила.

Что такое рождение девочки? Рождение мальчика – это следующая ступень.

А как же без девочки это может быть?

Рождается сразу как бы пара – женское и мужское?

Конечно, не может быть одно без другого. Девять сфирот, а десятая – это уже женская.

Еще вопрос: что такое «предать разврату» следующую свою ступень?

Предать разврату – это значит получать ради себя. Тут нечего особенно выдумывать, есть всего лишь два состояния: получение и отдача.

Или работа на внешний эгоизм других – это называется «возлюби ближнего, как себя» – неважно, эгоистичны они или нет. Человек, наполняя их, исправляется. И человек также наполняет их светом – и они от него исправляются.

И наоборот, если человек этого не делает, то земля, то есть всё общее желание, наполняется развратом. Разврат – получение ради себя.

Есть разница в «предать разврату»: разврат мужчины и разврат женщины?

Женский разврат намного сильней, чем мужской, потому что он порождает из себя такие же следующие ступени. Мужской – нет, он одноступенчатый. Женский – идет сразу же в размножение, вширь.

Существует отражение в нашем мире?

В нашем мире достаточно одной матки, от которой будет рождаться по десять, по двадцать новых следующих ее произведений. Мужчин много не надо для этого и женщин тоже. Но насколько плодовит мужчина, а насколько женщина?

Мужчина смотрит легко на все свои «походы». А для женщины – это очень глубокое состояние: вдруг измена...

Да. Потому что десятая часть, сфира, – она относится к девяти первым сфиротам. Девять первых сфирот ищут для себя подходящую Малхут.

Это мужская часть?

Если говорить о мощности излучения энергии, то энергия мужчины может насытить тысячи людей. Если же говорить о том, как получить эту энергию мужчины, то для этого женщина должна быть как Малхут относительно Зеир Анпина – она должна принадлежать ему. Поэтому свойство женской части – прилепляться к мужской.

Верность и преданность.

Да. А если этого нет, то, наоборот, не хватает этого свойства для того, чтобы соединяться с Зеир Анпином, и получается, что нет правильных следующих поколений.

То есть все законы этого мира…

Они все исходят из законов духовного мира. В нашем мире это все – чистая копия, отражение.

И ребенок, рожденный от побочных связей у женщины, называется мамзером.

Это очень тяжелое состояние, потому что это человек с покалеченной душой, если мы имеем в виду духовную связь. Он не привязывается в общей правильной системе, системе, он идет как отход, как отброс, как шлак общества. Но в наше время в человеческом обществе – это одно, а в духовном мире необходимо огромное исправление, если оно вообще возможно, чтобы вернуть его в человеческое общество наравне с другими.

В СУББОТУ НАДО СЕРЬЕЗНО РАБОТАТЬ

Дальше, следующий закон. Снова:

/30/ СУББОТЫ МОИ СОБЛЮДАЙТЕ И СВЯТИЛИЩЕ МОЕ ЧТИТЕ: Я – БОГ.

Это у нас будет повторяться до конца?

Да. Субботой называется частное, но полное исправление на каждой ступени. То есть ступень исправляется в течение шести дней, так называемых, шести подступеней (хэсэд, гвура, тифэрэт, нэцах, ход, есод), и потом происходит суммирование всех этих постижений, достижений в одну общую ступень, которая называется суббота.

Суммирование ступеней, их интеграция, правильная взаимосвязь происходит под воздействием Высшего света. И потому на этой седьмой ступени человек не работает. У него не существует никаких возможностей исправить, проанализировать, собрать эти состояния. Потому что сборка их – не в наших силах. Мы только делаем частные исправления, подготавливаем – соединяется всё это Высшим светом.

И именно в субботу это происходит?

Да. И поэтому называется шаббат. Шаббат – то есть нерабочее состояние.

Состояние полного покоя?

Тут ничего другого быть не может. Именно когда ты не вмешиваешься в этот последний процесс, замыкающий шесть ступеней седьмой, тогда это и происходит. Поэтому суббота такая символически святая.

Потому что действует Высший свет и потому что эти субботы, эти окончания всех ступеней, складываются затем в одну единую субботу, в одно единое состояние, когда весь мир приходит в состояние завершения, полного покоя. Нечего больше исправлять, нечего больше выявлять, анализировать, соединять – создается полностью законченная схема души. Это и называется последняя суббота мира.

И поэтому в каждую частную субботу, если человек ее правильно в духовном виде соблюдает, то получает ощущение того конечного совершенного состояния.

То есть до него доходит свечение, и оно подтягивает его?

Да, да. Но это говорится о человеке, который находится в духовных свойствах.

Религиозные люди часто повторяют, что если все евреи будут соблюдать шаббат, наступит ощущение конечного исправления, последняя суббота.

Даже два раза достаточно.

Это что означает?

Это означает, что если человек уже два раза подряд повторил такое состояние, значит, он отошел от своей предыдущей неисправленной ступени на два уровня. На третьем уровне уже наступает полное исправление.

Потому что решимот поднимаются на высшую ступень и на ступень над ней. И после этого уже входят в мир Бесконечности. Сразу же идет следующая ступень.

Мы постоянно возвращаемся, к субботе. Это конечное состояние всех ступеней? В этом мире – это окончание недели…

Надо понимать, что все-таки по-настоящему имеется в виду: это четкое серьезное исправление человека в течение шести ступеней. Это не дни – это ступени, каждая из которых может продолжаться по многу месяцев или даже лет.

А может в мгновение происходить.

А может произойти быстро. И только, когда мы проходим постепенно все эти ступени, тогда достигаем состояние, которое называется шаббат. С помощью наших желаний, мы в течение шести ступеней пытались произвести возможные духовные действия, то есть пытались распространить свойства отдачи, любви от нас наружу, когда эти все эманации собираются вместе в одну единую силу. Но это серьезная работа. Это не наслаждение покоем, это работа в субботу.

Даже в сам шаббат?

В сам шаббат. Суббота – на самом деле это серьезная работа, только она заключается в другом: не в работе над неисправностью, а в том, чтобы собрать все исправленные части в одно единое целое. Это делает свет, но мы должны ему это все подставить, показать, поднять.

То есть мы как бы оставляем неисправленные части и поднимаем исправленные? Это наша работа в шаббат?

Да.

То есть работа в шаббат существует?

Но это не выяснение: где исправно, где неисправно. Это работа именно над совершенством. Все, что мы делаем в течение недели, накапливается для правильного формирования в субботу. И поэтому называется такая работа «тикуней шаббат» (субботнее исправление).

УГРЫЗЕНИЯ СОВЕСТИ ОПАСНЫ

Следующий закон звучит так:

/31/ НЕ ОБРАЩАЙТЕСЬ К ВЫЗЫВАЮЩИМ МЕРТВЫХ И К ЗНАХАРЯМ; НЕ ИЩИТЕ ОСКВЕРНИТЬСЯ ИМИ. Я – БОГ, ВСЕСИЛЬНЫЙ ВАШ.

Раньше говорилось: «Не ворожите …» В данном случае: «Не обращайтесь к вызывающим мертвых, к знахарям».

Мы говорили пару минут назад, что нельзя оборачиваться назад и притягивать к себе прошлое. Все прошлое надо буквально сжигать за собой – абсолютно все! – настолько, что только впереди у тебя остается шаг, назад – нет, сзади обрыв! Сзади обрыв, а впереди – неважно что, но только вперед. То же самое со знахарями мы говорили, что не ворожить и не гадать.

А здесь: «Не обращайтесь к вызывающим мертвых».
«Мертвые» – это те, кто помогает тебе вызывать твои прошлые мертвые желания. Это не мертвые биологические тела, этого ничеимеются в виду только желания. В Торе ни о чем не говорится, кроме как о желаниях, которые проходят трансформацию от эгоистических к альтруистическим.

Поэтому имеется в виду не обращаться к мертвым желаниям, то есть к тем, с которыми человек уже работал. Не пытаться войти снова в них, в их прошлые наслаждения, которые они давали ему. Не задумываться о том, что когда-то были времена лучшие, чем эти, что когда-то человеку было хорошо, а сейчас плохо. Всё устремление – только вперед! И даже любое сегодняшнее состояние **всегда** выше, чем прошлое. Несмотря на то, что оно может быть для самого человека пока еще неприятным, но оно все равно выше.

Не вызывать мои прежние желания: было так хорошо с деньгами, которые у меня были, я путешествовал по миру…

ГЛАВА «БУДЬТЕ СВЯТЫ»

Нет. Прошел, и всё!

У человека существует огромная тяга к угрызениям совести, когда он идет по духовной лестнице. Он себя начинает укорять: «Что я сделал? Кому и как? И почему?» – и грызет себя. Этого нельзя делать, но напротив, остерегаться такого действия.

То есть всё необходимо относить к Творцу. Только Он, управляя человеком, вызывает в нем эти состояния. Все состояния, которые Он вызывает в человеке, обязательны, и каждое из них человек может исправить в своем ощущении только тем, что будет устремляться к Нему. Необходимо, в первую очередь, мгновенно закоротить все, что есть внутри: «Это – от Него. И это для того, чтобы я достиг ощущения – в данном конкретном случае, в данное конкретное мгновение, – что оно самое наилучшее. Если этого нет, значит, я не исправлен в этих желаниях, которые я ощущаю. Если я исправляю эти желания – я обязан ощущать себя в полном покое». Вот и все. Всё так конкретно замыкается на каждую точку в линии нашего движения, что тут ничего, в общем-то, не остается.

Я веду передачу, которая называется «Точка в сердце». И иногда мне рассказывают: «Вот, благодаря тому, что я начал заниматься каббалой, я вдруг понял, сколько я обид нанес своей жене, своим родственникам». Это тоже такие угрызения?

О прошлом – вообще не думать. Это буквально закапывает человека в землю, это его умертвляет. Ни в коем случае! Человек начинает жить в прошлом. И, кроме того, самое главное, он считает, что это *он* сам сделал. Это сделал Творец.

То есть задача человека не в том, что он проходит эти состояния, а в том, чтобы каждое состояние воспринять, как абсолютно доброе, абсолютно совершенное! И здесь надо смотреть, что человек может сделать, чтобы как-то исправить то, что принадлежит ему, как исправить себя. Здесь и начинается анализ человека относительно его окружения.

То есть вы считаете, что это в силах человека тут же понять, что это и откуда пришло?

Это зависит от окружения.

Это поддержка, это должно в воздухе витать – такое отношение к происходящему. И тогда человек будет все время на это настроен.

Это то, что он должен строить вокруг себя, и то, что он должен излучать?

Да. Он сам должен это выстраивать. И тогда это будет ему напоминать в нужные минуты.

Здесь говорится еще о знахарях. Знахарь – это не вызывающий мертвых. Это лечащий, предсказывающий. Что с ними?

И это запрещено. Потому что ты должен обращаться за помощью только к Высшему свету. Не вниз смотреть, а вверх – вот это проблема. Человек обычно бегает по врачам, ищет – это должно быть тоже, это указано в Торе, но в той мере, в которой это необходимо только в рамках принятого направления в нашем обществе. А все остальные усилия должны быть направлены на источник всех проблем, то есть на Творца.

«Дано врачу врачевать». И это в Торе пишется, что ты должен идти к врачам.

Более того, вы рассказывали о вашем учителе, что он проверял одного врача, потом второго и только потом шел. Зачем?

Да, двух врачей человек должен проверить: мнение одного и мнение другого – каждый из них должен быть уважаемым серьезным специалистом. И потом выбрать одного из них или идти к третьему – если оба не годятся. Но он на них учится, каким должен быть третий. И выбор за человеком. Не доверять слепо!

А что касается знахарей?

Знахари обращаются не к Творцу, а к каким-то посторонним методам лечения, имея в виду «духовное лечение»: с помощью всевозможных заклинаний, только не исправление самого человека. То есть можно достичь покоя, нормального здорового состояния, не исправляя себя, а с помощью каких-то альтернативных средств. Они нам удлиняют путь, увеличивают страдания, сами этого не понимая и не зная. Мы просто должны их каким-то образом убирать с дороги.

И такие свойства в нас существуют. Эти знахари существуют во мне в первую очередь.

ГОЛОВА БЕЛАЯ, КАК ВЕРШИНА ХЕРМОНА

Продолжаем главу «Будьте святы» и законы этой главы, которые передавал Моше народу. Каждый закон – просто переворот для человека. Вот, например, такой:

/32/ ПЕРЕД СЕДИНОЙ ВСТАВАЙ И УВАЖАЙ СТАРЦА, И БОЙСЯ ВСЕСИЛЬНОГО ТВОЕГО: Я – БОГ.

Что же тут странного? Это, в общем-то, понятно любому нормальному человеку.

И если это и так понятно всем – из общей морали человечества – зачем же об этом говорить?

Каббала объясняет это совершенно другими вещами, она смотрит на все происходящее, как на систему сил, которые управляют эгоистическим желанием.

Внутри системы сил находятся наши эгоистические желания: неживые, растительные и животные, человеческие – весь наш мир, вся наша вселенная. И эта система управляет желаниями.

Она состоит из 125-ти ступенек, по которым это внутреннее эгоистическое желание должно пройти и постепенно превратиться в альтруистическое, в обратное. И тогда оно видит весь мир инверсно: вместо нашего мира видит Высший мир – ощущает себя в этом мире. И тогда материя переходит как бы в антиматерию.

Физики говорят, что эта темная неощущаемая материя занимает больше пространства, и она *большая* по силе, чем вся видимая, ощущаемая нами в наших эгоистических органах чувств материя. Это верно.

Когда мы идем по духовным ступеням возвышения, следующая ступень – всегда более альтруистическая, более исправленная, чем наша, она более светлая.

Иначе я бы на нее не поднялся?

Да. Она более светлая, она белая. Белый свет освещает волосы головы. Весь парцуф, который находится здесь, то есть строение души, приобретает как бы форму человеческого тела с головой. И голова – вся белая, как Хермон в снегу – есть такое сравнение.

Такого состояния можно достичь, только если находишься в «большом» состоянии. Большим состоянием называется состояние стоя. Поэтому написано: перед сединой, которая наверху, ты должен встать, чтобы достичь ее.

И дело тут совершенно не в человеческой морали, которая рекомендует уважать старца.

Но все-таки получается, что человек встает перед следующей ступенью?

Да, для того чтобы подняться на нее, достичь эту ступень, эту «седину», где все абсолютно на отдаче. И ты должен быть в самом большом своем состоянии, то есть исправить свои самые низкие эгоистические желания.

Это называется «встать»? А состояние «сидя» – что это?

Да. А состояние «сидя» – это половина! Когда человек исправляет только высшую, верхнюю часть своих желаний, то есть самые слабые из этих состояний. Это называется «сидячий».

А когда говорится: «Уважай старца и бойся Всесильного твоего»?

Уважением называется состояние, когда человек примыкает к высшей ступени. Он желает от нее все получить, поддерживать и дает ей, таким образом, возможность на себя воздействовать. В этом выражается уважение. Если он приходит к доброму хозяину в гости, и тот ему все подает и говорит: «Если ты меня уважаешь, ты должен у меня это взять».

И даже если гость наелся и сыт, – из уважения…

Нет, такого нет. В духовных ступенях подобного нет. Там четкое сопряжение между тем, чего не хватает низшему, и тем, что есть у Высшего.

То есть именно Высший подает то, чего не хватает низшему?

Да, а низший должен себя приготовить именно к этой трапезе.

Чтобы он получал вкус не от самой трапезы, а…

А только ради хозяина. Хотя то, что он получает, наполняет его целиком.

ЯД ИЛИ НЕКТАР?

То есть он получает все вкусы от этой трапезы, но не это должно им руководить?

Да, но именно над всеми этими вкусами он должен выстроить свое отношение к хозяину: что он делает все только ради хозяина, а не ради своего наслаждения. Это проблема, которую надо постепенно решать.

Надо все-таки выяснить – так ли мы поступаем? Ведь где можно сказать, что мы получаем только ради хозяина?

Например, если я пью сейчас кофе, мне приятно, и я благодарю хозяина, и пытаюсь над этим кофе подняться, чтобы наслаждаться не напитком, а тем, что этот кофе мне дает хозяин. А если бы вместо кофе была грязная вода, тогда я мог бы пить ее, наслаждаясь тем, что наслаждаю

ГЛАВА «БУДЬТЕ СВЯТЫ»

хозяина? Это уже проблема. Значит, для меня имеет значение то, что я получаю.

И для человека имеет значение, что ему дал хозяин, хотя он и уважаю хозяина, и считает, что должен все ему отдать, но это происходит над тем, что ему приятно или неприятно. А как сделать так, чтобы человеку были совершенно безразличны его симпатии и антипатии? Главное, что есть возможность уважить хозяина, не важно, что он дает человеку, может, налил ему кружку яда.

И яд этот превращается в какой-то сладкий напиток только потому, что человек уважает хозяина?

Конечно! Но когда? Если человек согласен на этот яд, только для того чтобы сделать Ему приятное, то он вместо него получает нектар. Все зависит от направления мысли.

Я помню, Вы рассказывали историю, как пришли к РАБАШу, вашему Учителю, и он подал вам кофе в стакане, который был с остатками едкого моющего средства, *и* **Вы сели и выпили.**

Да, это было. Вообще я думал, что я обожгу себе всю слизистую желудка. Просто старик делал кофе мне и себе – я пришел к нему, и мы начали учить вместе, и я вижу, что, наверное, треть стакана была с этим моющим средством. И потом он плеснул туда кофе. Так, в спешке и в своих мыслях. Да, я думал, что будет плохо, но все равно…

Вы пили?

Пил.

Из уважения к нему? Потому что не могли ему отказать?

Я не мог признаться в том, что он так сделал... Сейчас мне трудно вернуться в те состояния с сегодняшней ступени, я был еще довольно начинающим. Ну и будь, что будет. Это была вообще опасная штука, конечно.

Но можно отключиться и совершенно не чувствовать вкуса. Вот это я помню – когда я ему об этом сказал, он начал на меня серьезно смотреть, потому что я у него спросил: «Я когда начинаю кушать и делаю намерение не ради себя, а на отдачу, – почему у меня пропадает вкус? Передо мной прекрасные блюда, я очень голодный, я жутко хочу кушать, и вот я делаю какое-то внутреннее сокращение, даже не сокращение на себя, а я просто отдаю себя этому намерению «на отдачу», когда я в него выйду, и в это время пропадает вкус». Он тогда начал ко мне уже по-другому относиться. То есть уже были какие-то зачатки работы над собой.

Такой подъем – насладиться ради другого в данном случае – уже тогда ощущался?

Да, но это своего рода проверка. Я помню, меня очень удивило, насколько пропадает вкус: после этого начинаешь кушать, и вкуса нет – совершенно. Это я и спросил – почему же он пропадает?

В таком состоянии не только вкус пропадает – можно выпить буквально чашу с ядом, и она будет благотворным эликсиром.

И не будет последней чашей в жизни?

Именно так, ведь «Тот, кто сказал, что масло должно гореть, Тот сделает так, что и хомец – уксус – будет гореть».

ГЛАВА «БУДЬТЕ СВЯТЫ»

В конце каждого закона ставится эта печать: «Я – Бог», «Я – Бог» – зачем, почему?

Потому что у тебя нет никакого оправдания этим законам в нашем мире. И вообще у человека. Только если ты устремляешься к Нему, чтобы постичь эту Высшую силу, отдачи и любви, хочешь уподобиться ей, – только тогда все эти законы для тебя, законы твоего движения к слиянию с Творцом. А иначе нет.

Иначе нет никакого смысла их выполнять. Наоборот, если ты их выполняешь, для того чтобы тебе было хорошо, и тем более в этой жизни хорошо, то ты удаляешься от Него.

ВСЕ МЫ – СГУСТКИ ЖЕЛАНИЙ

Следующий закон:

/33/ И КОГДА БУДЕТ ЖИТЬ У ТЕБЯ ПРИШЕЛЕЦ В СТРАНЕ ВАШЕЙ, НЕ ПРИТЕСНЯЙ ЕГО. /34/ КАК ЖИТЕЛЬ СТРАНЫ СРЕДИ ВАС ПУСТЬ БУДЕТ У ВАС ПРИШЕЛЕЦ, ПРОЖИВАЮЩИЙ СРЕДИ ВАС; ЛЮБИ ЕГО, КАК САМОГО СЕБЯ, ИБО ПРИШЕЛЬЦАМИ БЫЛИ ВЫ В СТРАНЕ ЕГИПЕТСКОЙ: Я – БОГ, ВСЕСИЛЬНЫЙ ВАШ.

Пришельцем называется каждое новое возникающее желание, которое поначалу, еще, естественно, эгоистическое, но готово войти, и быть среди альтруистических, исправленных желаний, и готово им подчиниться.

Мы, в принципе, должны быть рады такой абсорбции, возникающим новым желаниям в нас: они расширяют душу, и душа может раскрыть еще в большей степени Творца. Вот об этом, в принципе, и говорится.

Так что, надо пытаться сделать это. А, в общем, любить – любить все новые, появляющиеся желания, хотя они несут в себе подчас огромные неприятности, проблемы. Но надо понимать, что именно благодаря им, мы возвышаемся. Мы формируем себя.

То есть пришелец – это желание, которое пришло, и оно согласно жить в моей стране, идущей к Творцу?

Да. Вся Тора говорит только о желании. Нет людей, нет этих образов, нет того, что мы видим – это все мнимые образы. Все мы являемся сгустками каких-то желаний.

Когда здесь говорится «люби его, как самого себя», имеется в виду: «Люби ближнего, как самого себя», – то есть он становится ближним?

Да, да. Ты его должен до такой степени возлюбить, потому что благодаря ему, ты приподнимаешься еще выше к Творцу. Это Творец специально тебе посылает этих пришельцев. Ничего же не делается случайно.

Желание, которое приходит, готово измениться?

Это всё части твоей души, как и вообще все мироздание – это твоя душа. Только оно смотрится вне тебя, поскольку ты еще не можешь это воспринять, абсорбировать в себе. А по мере того, как ты развиваешь, выходишь из себя, развиваешь чувство отдачи, любви, выходишь наружу – это называется «верой выше разума», отдача выше получения, – то в этой мере ты и раскрываешь все мироздание, как свое собственное, как свою душу.

И нет тут никаких пришельцев, никого, а, наоборот, все они становятся интегральной частью твоей души.

ГЛАВА «БУДЬТЕ СВЯТЫ»

В иудаизме есть такое понятие как «принять гиюр», то есть стать евреем.

Даже без гиюра, когда пришелец хочет прийти сюда и жить у тебя в стране, ты должен его приютить.

Ты должен быть с ним на равных?

Да. Но есть в пришельцах разные свойства, уровни, в близости или в удаленности. В Храме было большое отдельное место для пришельцев. Любой человек из-за границы, вне границ государства, мог прийти внутрь, зайти в сам Храм и быть в Храме. Там были отделения для мужчин, для женщин и для пришельцев.

То есть они могли и службу слушать, видеть и потом кушать со всеми?

Да, да! У них была своя работа. Пришелец – это как если в тебе поднимаются новые желания, которые ты должен исправлять и присовокуплять к уже исправленным. Так и у них – внешне была своя работа.

Храм – это точное отражение души.

Конечно. Точное отражение души. Поэтому и произошло разбиение Первого Храма – не выдержала душа такого внутреннего напряжения на отдачу и любовь. И спустились на второй уровень, и его потом не выдержали! И уже разбежались.

Что ж такое тогда Третий Храм?

Третий Храм – это полное исправление всех желаний, существующих в мире, в одно единое целое. На абсолютно равных условиях. Это Третий Храм.

Почему говорят, что не будет разрушения Третьего Храма?

Это состояние будет состоянием полнейшего исправления. То есть не останется ничего за границами, за бортом, чтобы могло бы его каким-то образом нарушить, содействовать его разбиению.

То есть весь эгоизм будет исправлен?

Абсолютно весь! Да.

Следующий закон звучит так:

/35/ НЕ СОВЕРШАЙТЕ НЕСПРАВЕДЛИВОСТИ НА СУДЕ, В ИЗМЕРЕНИИ, В ВЕСЕ И В МЕРЕ.[49]

Но, опять-таки, это в духовном виде.

О каком суде говорится?

«Суд Божий», что называется – небесный суд. Не совершайте несправедливости: это уводит с дороги. Вся Тора, построена только на том, чтобы привести человека к цели, поэтому все, что ты делаешь, это только – только лишь! – для того, чтобы продвинуться еще немножко по этому пути.

Что такое «несправедливость на суде»?

Несправедливость на суде, когда мы неправильно уравновешиваем левую и правую линию. Это в гирях, это в мерах, в качествах – внутренних человеческих, во внешних отношениях – во всем. Мы должны всегда идти в равновесии правой и левой линии, и из их соединения всегда идти по средней линии – это называется «золотая тропинка».

---

[49] Тора, «Левит», «Кдошим», 19:35.

Судья должен находиться все время на этой тропинке? И судить может именно такой человек?

Да. Как язычок весов, все время. Поэтому и весы у этой самой *богини*.

У нее еще и глаза закрыты.

Я не знаю, как она это делает с закрытыми глазами.

БОЖИЙ ОДУВАНЧИК И КАББАЛИСТ

Следующий закон – вот как раз об этом.
/36/ ВЕСЫ ВЕРНЫЕ, ГИРИ ВЕРНЫЕ, ЭЙФА ВЕРНАЯ И ГИН ВЕРНЫЙ ПУСТЬ БУДУТ У ВАС. Я – БОГ, ВСЕСИЛЬНЫЙ ВАШ, КОТОРЫЙ ВЫВЕЛ ВАС ИЗ СТРАНЫ ЕГИПЕТСКОЙ. /37/ СОБЛЮДАЙТЕ ЖЕ ВСЕ УСТАНОВЛЕНИЯ МОИ И ВСЕ ЗАКОНЫ МОИ, И ИСПОЛНЯЙТЕ ИХ. Я – БОГ.

Здесь уже говорится точно о средней линии, когда правая и левая линия четко уравновешены: сколько у человека есть в правой руке альтруизма, свойства отдачи и любви, только в такой мере он может использовать эгоизм для того, чтобы присоединить его к свойству отдачи и любви. А эгоизм имеет силу. И для того чтобы обратить эгоистическую силу (отрицательную) в положительную, то есть одеть левую силу (эгоистическую) в правую (альтруистическую) надо действовать совместно.

Когда одна одевается в другую, это совместное действие образует среднюю линию, совокупность, симбиоз этих двух линий, и эта средняя линия и является той, которая нужна, необходима.

Поэтому чем больше человек идет в соединение, в отдачу, в любовь, тем больше Творец в тебе раскрывает эгоизм – для того чтобы было что уравновесить. Поэтому у каждого возвышающегося – эгоизм больше. И это противоречит всей логике в нашем мире. Нам кажется, что если мы исправляемся, мы становимся лучше.

А на самом деле?

Когда ты продвигаешься в духовном мире, ты идешь по двум линиям и делаешь из них среднюю. И поэтому ты все время идешь в улучшении в правой линии и в ухудшении(!) в левой линии и бываешь то тут – то там, то там – то тут. То есть человек бывает таким прекрасным, а потом таким ужасным. И снова таким прекрасным, и снова таким ужасным – и все это для того, чтобы научить его работать на правильном соединении этих двух свойств.

А что значит «верные», «верный»?

Верный – это средняя линия, правильное сочетание этих двух качеств.

А в нашем мире говорят: «Такой хороший человек – не эгоист!»

Да. Ну, и что он такое? Маленькое животное, как маленький ребенок, наивный такой.

Зато он не делает зла.

Божий одуванчик. И что дальше? Нет. Человек, который идет по духовному пути, вбирает в себя весь вселенский эгоизм. В каббалистах на высших ступенях есть огромный эгоистический потенциал, но он прикрыт, он

Глава «Будьте святы»

держится под колпаком экрана, и таким образом они и работают, и поэтому у них огромный духовный потенциал. Потому что весь эгоизм отдает этому духовному направлению свои силы. Это существует, и поэтому подняться по духовным ступеням очень тяжело.

Потому что эгоизм все время тянет вниз, а человек должен тянуть себя вверх. И вот тут и говорится, что у него все должно быть хорошо измерено.

Видно со стороны – какого уровня каббалист?

Нет, не видно. Я, когда был рядом с моим Учителем и днем, и ночью – сутками, то видел разные состояния, но, в общем, это не понимается низшими. Не понимается.

А какие у Вас были ощущения? Вы были настолько близки, что возили его даже, помогали, даже мыли, когда он болел. Как держать эти весы, когда Вы ощущаете человека во всех проявлениях?! Вам при этом надо держаться того, что перед Вами величайший Учитель?

Это две стороны одной медали. Когда ты относишься к телу и относишься к духу.

Вы могли разделять это?

Да, спокойно, конечно. Потому что тело – это животное состояние, с ним я знаю, как поступать. Я, в общем-то, в чем-то близок к медицине, рос в медицинской семье, у родителей-медиков. Так что обращаться с телом я умею. А с духом – тут я пытался не мешать.

ОТТОРГНУ ЕГО И ВСЕХ СОВРАЩЕННЫХ

Разберем еще один закон. Здесь много строчек, но в принципе, мысль одна, как я понимаю.

/1/ И ГОВОРИЛ БОГ, ОБРАЩАЯСЬ К МОШЕ, ТАК: /2/ «СКАЖИ СЫНАМ ИЗРАИЛЯ: ВСЯКИЙ ИЗ СЫНОВ ИЗРАИЛЯ И ИЗ ПРИШЕЛЬЦЕВ, ПРОЖИВАЮЩИХ СРЕДИ СЫНОВ ИЗРАИЛЯ, КТО ОТДАСТ КОГО-ЛИБО ИЗ ДЕТЕЙ СВОИХ МОЛЕХУ, СМЕРТИ ДА БУДЕТ ПРЕДАН; НАРОД ЗЕМЛИ ДА ЗАБРОСАЕТ ЕГО КАМНЯМИ. /3/ И Я ОБРАЩУ ЛИЦО МОЕ НА ЧЕЛОВЕКА ТОГО И ОТТОРГНУ ЕГО ИЗ СРЕДЫ НАРОДА ЕГО ЗА ТО, ЧТО ОТДАЛ ОН КОГО-ЛИБО ИЗ ДЕТЕЙ СВОИХ МОЛЕХУ, ЧТОБЫ ОСКВЕРНИТЬ СВЯТИЛИЩЕ МОЕ И ОБЕСЧЕСТИТЬ ИМЯ МОЕ. /4/ ЕСЛИ ЖЕ НАРОД ЗЕМЛИ ОТВРАТИТ ГЛАЗА СВОИ ОТ ЧЕЛОВЕКА, ОТДАВШЕГО КОГО-ЛИБО ИЗ ДЕТЕЙ СВОИХ МОЛЕХУ, ДАБЫ НЕ УМЕРЩВЛЯТЬ ЕГО, /5/ ТО ОБРАЩУ Я ЛИЦО МОЕ НА ЧЕЛОВЕКА ТОГО И НА СЕМЬЮ ЕГО, И ОТТОРГНУ ЕГО И ВСЕХ СОВРАЩЕННЫХ ИМ НА БЛУДНОЕ ХОЖДЕНИЕ ЗА МОЛЕХОМ ИЗ СРЕДЫ НАРОДА ИХ.

Что такое «отдать детей Молеху?»

Эгоизму. То есть позволить детям – своим будущим состояниям – развиваться в эгоистическую сторону. Что такое – дети? Сегодняшнее мое состояние – это я, следующее мое состояние – это мой сын. Так это называется е в Торе.

Поэтому «не отдавать детей Молеху» – означает, что из сегодняшнего дня, где ты находишься, ты должен подготавливать свое следующее состояние так, чтобы ты абсолютно четко, гарантированно ставить себя в правильное направление – уже сегодня. А если ты ошибаешься, и следующая твоя ступень падает в эгоизм, то это проблема твоя. Это не проблема твоего ребенка – следующего состояния, следующей ступени. Это проблема предыдущей ступени, которая неправильно подготовила себя к следующей.

Но ты же не хотел этого. Почему говорится «кто отдаст кого-либо из детей своих Молеху, смерти да будет предан»?

Вся ответственность лежит на той ступени, которая привела к этому, то есть на предыдущей, на отце, а не на сыне. Когда человек рождается – он никто. Чем его наполнят, какими программами, свойствами, качествами, ценностями, – это и будет он. А так – кто же он такой?!

Дальше говорится, если народ будет этому потакать, то и народ отторгну…

И народ тоже. Если образовалось такое большое количество людей, которые считают, что для последующих их состояний лучше быть в нисхождении в этот животный мир, имеется в виду, наш мир, человеческий, то тогда, конечно, придется поднимать заново все эти желания, исправлять их и так далее. Это уже очень серьезная работа с большими потерями.

Это случалось у нас в истории, сейчас мы должны снова подниматься. То состояние, в котором мы сегодня находимся, оно, в общем-то, такое. И поднимаемся мы из последнего изгнания в последнее освобождение (выход из него).

И все наши падения были именно потому, что наши дети были отданы Молеху?

Да. Мы упали с духовного пути, это называется «отдать своих детей Молеху».

В главе «Будьте святы» Моше повторяет народу все законы. В конце каждого закона добавлено важное примечание. До сих пор говорилось: «Запрещено тебе делать это, запрещено делать то». А здесь иначе: «Если ты это сделаешь, то будешь предан смерти. Если то сделаешь, будет то-то…».

Суть наказания.

То есть народ надо держать в страхе?

Мы же говорим не про народ. Мы говорим о человеке, в котором существует несколько уровней желания. Это в основном общие желания, а затем уже более сконцентрированные на достижении сближения с Творцом. Поэтому есть разные законы: для масс, для левитов и коэнов. Совершенно разные.

Сама глава называется «Кдошим», то есть «Будьте святы». Святость – это уровень бины, уровень абсолютно полного подъема над всеми эгоистическими желаниями. Это, в принципе, основная глава, это именно то, для чего дана Тора. То есть ее правильное применение должно нас привести к такому уровню, к такому состоянию.

ВОЗМОЖНОСТЬ ПРЕСТУПЛЕНИЯ И НАКАЗАНИЯ

А предупреждающая добавка тоже необходима: что тебе будет, если ты прегрешишь?

Нет. Это не для того, чтобы бояться.

Это не поможет человеку, мы это знаем, что на самом деле мы созданы так, что это нас совершенно не сдерживает. Страха тут нет. И потом, это не страх перед какими-то властителями мира и не страх перед Творцом, который накажет, как это в религиях. Здесь – совсем другое дело.

Здесь указывается опасность, возможность преступления и наказания. Необходимо понимать всю эту цепочку, чтобы зная ее, и зная о наказании, можно было бы предотвратить свое движение к преступлению.

То есть это знание мне необходимо…

Чтобы не преступить через запрет. Потому что тогда ты обрываешь возможность подъема. Тут ты никому плохо не делаешь, только самому себе.

То есть внутри должен быть некий замкнутый круг?

Да. Человек должен всю эту систему понимать: вход, выход и внутреннюю часть системы, ее работу, почему это так замкнуто. Это не просто условие, это ведь законы природы, скрытые от нас, которые мы не ощущаем. И поэтому говорится: «Так не поступай, и так, и так…»

Законы эти – в основном внутренние, то есть в желании и в намерении, в сердце и в разуме, и они еще в большей степени конкретизированы и завязаны на общую систему природы. Но они скрыты от нас. Мы их не видим до тех пор, пока не начинаем применять.

Здесь действует такая последовательность. Часть законов природы мы начинаем видеть после рождения. Тоже «методом тыка», как младенец: это получается – это не получается, смотрит на других – видит, наталкивается на что-то – плачет и так далее, то есть осваивается с тем, что можно, а что нельзя.

Есть законы, которые говорят: «Это можно, а это нельзя», – но он еще не видит в них скрытого пока смысла. Это законы, касающиеся взаимоотношений между людьми. Но потом и их он видит: за это наказывают, это одобряют, это некрасиво, его удерживает стыд, зависть, власть и так далее – то есть всевозможные желания ориентируют его, в какой-то мере направляют.

А есть законы, которые человек не чувствует вообще, не получает отдачи от окружающей среды, от общества, ни от чего – но это также законы природы! Вот им и обучает Тора – скрытым законам природы – каббала потому и называется «скрытая часть Торы».

Это, в принципе, те же законы, та же мораль, но здесь она преподносится уже на другом уровне: когда человечество вырастает до такого уровня, оно должно их выполнять. В наше время мы доросли до этого уровня и обязаны выполнять законы общежития, общего проживания на одной планете – она становится одной маленькой общей площадью. И здесь вступают в силу другие законы.

Мы видим: отменяются границы, люди как-то не понимают, где они живут. Какая разница, здесь жить? Питание везде одинаковое, всюду те же культы, похожая среда обитания с незначительными нюансами. И люди начинают понимать, что это всё – общее.

И если существуют какие-то местные колориты, то это не традиции, идущие из глубины веков. Они – для того чтобы туристов привлечь, они какие-то уже искусственные. То есть мы внутри стали другими на самом деле, мы стали космополитами, живущими в одном космосе, в одном объеме. А всё, что было раньше, мы сохраняем только для того, чтобы на этом заработать. То есть такой прагматичный подход ко всем наследиям, ранее казавшимся святыми.

И в таком состоянии, в этой новой реальности, мы обязаны объединяться. А вот необходимость объединения – жить на одной планете, как на одной «жилплощади», на одной площадке, как в одной семье, в полной зависимости друг от друга – этого мы не ощущаем. И надо нам показать.

Вся Тора говорит о том, как нам правильно достичь совместного общежития. До этого она вообще не была представлена людям. Только с этого момента, в нашем поколении, уже требуется от нас преподнести ее миру в истинном свете.

Народ, которому даются эти законы, как жить совместно и в единстве, – этот народ втекает, как река, в народы мира и начинает передавать это знание, то есть поднимать их до этого уровня?

Да. Но надо еще постоянно указывать, что это не какие-то нами выдуманные законы, условия, этикеты, придуманные кем-то, а это законы природы – мы дошли до такого уровня развития: от неживой природы, растительной и животной, и сейчас раскрывается человеческий уровень.

Раньше его не было. Мы до этого уровня росли, как животные, то есть инстинктивно. Когда я инстинктивно выполняю то, что во мне поднимается, развивается, – это еще животный уровень. А когда я должен осознанно, выше своего животного уровня, вопреки ему, начинать каким-то другим образом реагировать на людей, на основе сближения, хотя меня от них отталкивает, – это уже начинается уровень «человек», который противоположен животному – во всем! К этому уровню мы сейчас подходим.

Поэтому Тора – то, что мы изучаем, – становится более актуальна.

Если можно, несколько слов об этой общей добавке – что будет человеку, преступившему закон.

Следующий закон звучит так:

/9/ ТАК ВСЯКИЙ, КТО БУДЕТ ЗЛОСЛОВИТЬ ОТЦА СВОЕГО ИЛИ МАТЬ СВОЮ, СМЕРТИ ДОЛЖЕН БЫТЬ ПРЕДАН; ОТЦА СВОЕГО ИЛИ МАТЬ СВОЮ ОН ЗЛОСЛОВИЛ: КРОВЬ ЕГО НА НЕМ.

Это совершенно понятно. Высшая ступень называется «отец и мать» – аба вэ има. Низшая ступень называется «их сыновья и дочери», или ЗОН. И если низшая ступень не почитает, не желает подняться, быть под высшей ступенью, то она не может расти. Она просто отрезает их от себя. Она себя сама как бы умертвляет.

А что означает «почитает»? Что она хочет подняться до их уровня?

Да, конечно. Только на том принципе, что она желает нивелировать себя, отменить себя перед ними, перед этой высшей ступенью, в этом и заключается подъем. Потому что первое состояние, когда она поднимается, – это состояние зародыша. А зародыш существует в высшем, полностью отменяя себя.

А что такое в данном случае «злословить»?

Злословить – не считать указы, законы, по которым существует высшая ступень, выше него.

ГЛАВА «БУДЬТЕ СВЯТЫ»

НЕ ТВОЯ ЖЕНЩИНА

Следующий закон:
/10/ И ТОТ, КТО ПРЕЛЮБОДЕЙСТВУЕТ С ЗАМУЖНЕЙ ЖЕНЩИНОЙ, ТОТ, КТО ПРЕЛЮБОДЕЙСТВУЕТ С ЖЕНОЙ БЛИЖНЕГО СВОЕГО, – СМЕРТИ ПУСТЬ БУДУТ ПРЕДАНЫ ПРЕЛЮБОДЕЙСТВУЮЩИЙ И ПРЕЛЮБОДЕЙСТВУЮЩАЯ.

Имеется в виду, конечно, с чужой женой.

Да, что такое «прелюбодеяние с замужней женщиной»?
Это значит – использование не своего исправленного желания. Мы же говорим о том, что все желания существуют в одном человеке.

И все желания делятся на мужскую часть и женскую часть. Девять первых сфирот – это мужская часть, десятая сфира, малхут, – женская часть. И если у человека не исправлена десятая сфира, женская часть, это называется, что это не его зивуг (соитие), не его женщина.

Это как бы женщина другого?
Да, да. Она еще относится к другим девяти сфиротам.
Ты не можешь ею правильно пользоваться ради отдачи – не получится!

Дальше:
/11/ И ЧЕЛОВЕК, КОТОРЫЙ ЛЯЖЕТ С ЖЕНОЙ ОТЦА СВОЕГО, НАГОТУ ОТЦА СВОЕГО ОТКРЫЛ ОН: СМЕРТИ ДОЛЖНЫ БЫТЬ ПРЕДАНЫ ОБА, КРОВЬ ИХ НА НИХ.

Опять-таки, это высшая ступень относительно низшей. Это не его личные «аба ве има», но все равно он не имеет права – он тогда не поднимается на следующую ступень.

Есть особая комбинаторика между отцом и матерью, между всеми мужчинами, которые на том же уровне рядом с отцом, на высшей ступени, и всеми женщинами, которые на том же уровне рядом с матерью. И связь может быть только – отец, мать и я.

Не может быть связь – я и мать?

Нет. Мы не имеем права, не можем контактировать ни с какой левой или правой частью высшей ступени (женской или мужской), если они не относятся к нам. То есть не получается нормальной коммутации между нашей ступенью и высшей. А без этой коммутации не пройдет Высший свет.

Поэтому запреты представляются в таком категорическом виде. Ведь если мы неправильно пользуемся контактом, мы свою ступень, на которой находимся, – а мы ее достигли с большим трудом, – тоже теряем. Поэтому есть общее правило: «Сиди и ничего не делай – предпочтительней, чем что-то делать».

В принципе, запрещены все связи, которые не порождают следующую ступень? Здесь именно такое условие?

Да, конечно. Но что значит «запрещены»? Если у человека неправильный контакт с высшей ступенью, он естественно контактом не будет, он будет отрицательным. Человек со своей точки, с которой начинает этот контакт, хочет подняться на одну ступень выше в постижении Высшей системы, Творца, каждый раз постигая все более и более глубоко, а в итоге человек спустится ниже.

Это очень похоже на настольную детскую игру, когда бросаешь фишки, продвигаешься к цели, и вдруг скатываешься куда-то назад.

Дальше еще запреты:

/12/ И ТОТ, КТО ЛЯЖЕТ СО СНОХОЙ СВОЕЙ, СМЕРТИ ДОЛЖНЫ БЫТЬ ПРЕДАНЫ ОБА, МЕРЗОСТЬ СДЕЛАЛИ ОНИ – КРОВЬ ИХ НА НИХ.

Это получается короткое замыкание – вступление в такой контакт низшей ступени с высшей. Она может получить от высшей ступени через определенные фильтры – там есть такие, так называемые градации. С высшей ступени на низшие, когда получается свет, – он проходит через определенные фильтры, так называемые, «целем» (цадик, ламед, мэм), которые называются «образ и подобие». «По образу и подобию Своему создал человека».

Так вот: Творец – затем идет Его образ и Его подобие – и потом ступень человека. Такие фильтры – образ и подобие – это система понижения, и она постепенно-постепенно сокращает свое воздействие до состояния, когда человек становится в чем-то подобным, но все-таки на более низком уровне, чем Творец.

Эта система ослабления света?

Да. Есть много таких систем, но все они подобны этой. Система фильтров, которые делятся по многим категориям: по качеству, по количеству света, по левой линии, правой линии – там есть целый спектр, понижение такое.

Это, как у Бааль Сулама приводится пример, что человек может смотреть на Солнце, только если одевает темные очки.

Да. И возвращаясь к запрету, здесь опять-таки происходит неправильная коммутация между низшим уровнем и высшим уровнем.

Если он ложится со снохой, то есть если происходит соединение?

Да, да. Он может контактировать только напрямую с отцом и матерью, потому что тут у него существует его общая и прямая связь. А другие связи лишь побочные.

СМЕРТИ БУДУТ ПРЕДАНЫ ЖЕНЩИНА И СКОТИНА

И вот уже в который раз повторяется еще один закон: /13/ И ЕСЛИ ЧЕЛОВЕК ЛЯЖЕТ С МУЖЧИНОЙ, КАК ЛОЖАТСЯ С ЖЕНЩИНОЙ, МЕРЗОСТЬ СДЕЛАЛИ ОНИ ОБА: СМЕРТИ ПУСТЬ БУДУТ ПРЕДАНЫ ОНИ – КРОВЬ ИХ НА НИХ.

Ну что тут комментировать? Все ясно.

Следующей ступени здесь быть не может – если мужчина ложится с мужчиной?

Во-первых, это неправильная реализация желания, то есть желание, которое может быть употреблено «ради отдачи», используется «ради получения». Имеется в виду – мужская и женская часть. В таком случае не просто устанавливается неправильный контакт, а понижается его уровень.

Вот это понижение уровня контакта, неправильный контакт – получение вместо отдачи – это приводит к

Глава «Будьте святы»

умерщвлению! Это и называется: «Смерти будут преданы они». Они сами себя предают смерти, такие контакты.

Мужская часть, как отдающая, не может становиться получающей – об этом здесь речь?

Да, да. Мужская часть, как отдающая, становится получающей и этим умертвляет себя.

Дальше:

/14/ И ЕСЛИ ЧЕЛОВЕК ВОЗЬМЕТ СЕБЕ ЖЕНУ И МАТЬ ЕЕ – ЭТО РАЗВРАТ; НА ОГНЕ ПУСТЬ СОЖГУТ ЕГО И ИХ, ДАБЫ НЕ БЫЛО РАЗВРАТА СРЕДИ ВАС.

Это просто короткое замыкание между двумя ступенями. Такого быть не может.

И продолжение:

/15/ И ЧЕЛОВЕК, КОТОРЫЙ ПРОИЗВЕДЕТ ИЗЛИЯНИЕ СЕМЕНИ СВОЕГО СО СКОТИНОЙ, СМЕРТИ ПУСТЬ БУДЕТ ОН ПРЕДАН, А СКОТИНУ УБЕЙТЕ.

Это животное состояние (животный уровень) не готово для того, чтобы его употреблять. Оно понижается на уровень ниже и начинает снова с растительного уровня расти до животного, и потом – до человека.

В данном случае – человек, спускающийся до животного уровня?

Всё говорится о состоянии человека, о чем бы ни говорилось: скотина, мать, отец – это всё наши внутренние состояния.

Но в одном случае говорится о матери, а в другом о скотине – это же разные ступени?

Это разные ступени внутри нас, конечно.

Дальше:

/16/ ЖЕНЩИНА ЕСЛИ СТАНЕТ ПЕРЕД КАКОЙ-ЛИБО СКОТИНОЙ ДЛЯ СОВОКУПЛЕНИЯ С НЕЮ, ТО УБЕЙ ЖЕНЩИНУ И СКОТИНУ, СМЕРТИ ПУСТЬ БУДУТ ОНИ ПРЕДАНЫ – КРОВЬ ИХ НА НИХ.

В данном случае тоже не может возникнуть следующей ступени?

Нет, никак. Все время говорится только о том, каким образом человек должен отсортировать в себе желания, правильно их сопоставить, создать правильную сеть.

У нас в мозгу полно нейронов. Но нейроны должны замыкаться между собой в синапсы, на связи. И от этих синапсов зависит все. Правильные связи – нормальный человек. Любые сбои в этих связях приводят к заметным нарушениям в работе нервной системы.

Об этом постоянно и речь – о правильных соединениях?

Да. Нам надо знать, как четко создавать в себе правильную систему, потому что она нам дана абсолютно разрушенной, но собирая ее, мы начинаем понимать ее внутренний принцип.

Это самое главное – внутренний принцип, который иначе мы бы не постигли. Это как ребенок посредством игрушки начинает обретать мудрость: как она должна работать внутри, как она устроена. Так и здесь. Нам даются правильные наставления, чтобы мы поняли внутренний замысел Творца. Мы через эту работу Его познаем.

Я сейчас прочитаю часть законов, и мы их уже обобщим, потому что они очень близки, и система, в принципе, уже понятна:

/17/ И ЕСЛИ ЧЕЛОВЕК ВОЗЬМЕТ СЕСТРУ СВОЮ, ДОЧЬ ОТЦА СВОЕГО ИЛИ ДОЧЬ МАТЕРИ СВОЕЙ, И УВИДИТ НАГОТУ ЕЕ, И ОНА УВИДИТ НАГОТУ ЕГО, ТО ЭТО ПОЗОР; ДА БУДУТ ОНИ ОТТОРГНУТЫ НА ГЛАЗАХ У СЫНОВ НАРОДА ИХ. НАГОТУ СЕСТРЫ СВОЕЙ ОН ОТКРЫЛ: ГРЕХ СВОЙ ПОНЕСЕТ ОН.

В данном случае вопрос – что такое «открыть наготу матери, сестры»?

Без света хасадим – без одеяния – человек не может никак с ней общаться. Всё общение в духовном мире, контакт между всеми желаниями и намерениями должны проходить через свет хасадим – по свойству отдачи. Если человек раздевает, то это уже получение. Раздевание может быть только между супругами (и то ограниченное, кстати говоря), потому что они представляют собой как бы единое тело, то есть единое желание.

Когда вы говорите «ограниченное», это говорится о темноте?

Там есть много условий. Но это именно из-за ограниченности желания, потому что мы не можем со всеми своими желанием вступать в контакт с Высшим светом до полного исправления.

Дальше говорится так:

/18/ И ЕСЛИ ЧЕЛОВЕК ЛЯЖЕТ С ЖЕНЩИНОЙ В ДНИ ОБЫЧНОЙ БОЛЕЗНИ ЕЕ, И ОТКРОЕТ НАГОТУ ЕЕ, ЗА ТО, ЧТО ОБНАЖИЛ ОН ИСТОК ЕЕ, А ОНА ОТКРЫЛА

ИСТЕЧЕНИЕ КРОВЕЙ СВОИХ, ДА БУДУТ ОТТОРГНУТЫ ОБА ОНИ ИЗ СРЕДЫ НАРОДА СВОЕГО.

То есть, когда у женщины обычные кровотечения, то нельзя иметь с ней дело.

Тоже говорится о том, что не может быть нормальной связи? Не может родить что-то?

Да. В нашем мире полный контакт – когда от совокупления есть последствия: беременность и далее развитие плода. А здесь этого быть не может. Так что, если заведомо такого быть не может, человек не может вступать в контакт.

Дальше говорится так:

/19/ И НАГОТЫ СЕСТРЫ МАТЕРИ ТВОЕЙ И СЕСТРЫ ОТЦА ТВОЕГО НЕ ОТКРЫВАЙ, ИБО ТОТ, КТО ДЕЛАЕТ ЭТО, ОБНАЖАЕТ ЕДИНОКРОВНУЮ СВОЮ. ГРЕХ СВОЙ ПОНЕСУТ ОНИ.

То есть никаких ближайших родственников со стороны отца и со стороны матери не может быть в контакте человека с высшей ступенью. Человек закорочен только на своих отце и матери или на чужих, начиная со второго круга. То есть, кузины и так далее – это все уже может быть.

Это уже не является ближней единокровной связью?

Нет, конечно.

РАСПРАВИТЬ ТВОИ МОЗГИ

Дальше:

/20/ И ЧЕЛОВЕК, КОТОРЫЙ ЛЯЖЕТ С ТЕТЕЙ СВОЕЙ, НАГОТУ ДЯДИ СВОЕГО ОН ОТКРЫЛ. ГРЕХ СВОЙ ПОНЕСУТ ОНИ, БЕЗДЕТНЫМИ УМРУТ ОНИ.

То есть на этом обрывается лестница подъема. Ведь это всё – внутренние желания, свойства человека. Информационные гены по той цепочке, по которой они нисходили из мира Бесконечности через все миры в наш мир, должны по той же цепочке и подняться. Мы с природой ничего сделать не можем – здесь указано ограничение.

Но почему же тогда мне не ясно, какой ген – да, а какой ген – нет?

Это специально. Для того чтобы мы выясняли, находили самые правильные действия вопреки всем своим порывам, и желаниям, и всяким мыслям. А неправильные действия помогают проникнуть вглубь правильного действия, вглубь системы и увидеть, почему она так устроена. То есть запутанность – для того, чтобы прийти к пониманию, что же там внутри происходит. Запутанность дает нам глубину постижения.

А так, в принципе, цепочка – очень строгая. Невозможно никак иначе подняться, только лишь по той же ниточке, по которой снизошли вниз все наши духовные генетические данные.

В принципе, отсекается то, что не рождает следующую ступень?

Не просто отсекается, человек должен это все исследовать, пройти через все эти проблемы.

Понятно, от чего рождается следующая ступень. Для чего же все эти отсечения?

Именно для того, чтобы постичь внутренний механизм. Именно для этого! Потому что просто так – человек был бы ангелом, то есть животным, инстинктивно выполнял бы только правильные действия.

Грубо говоря, я и моя жена – два действия.

Да, тогда бы природа нас толкала, направляла, и всё. А когда у нас есть огромное количество вариаций, и мы думаем: это можно, это нельзя, почему можно, почему нельзя – и в соблазнах, в трудностях мы осуществляем выбор – именно тогда у нас проявляется емкое, глубокое, такое сквозное постижение системы, и она-то и называется Творцом. Мы видим, как это все было подстроено под нас. И мы становимся ее обладателями. Как из ДНК, из одного единственного генетического зародыша, из какого-то зачатка, появляется эмбрион, человек – так и здесь.

У человека, практически, есть лишь какая-то маленькая точка. Повернуть ее можно, куда угодно, в ней самой нет никакого направления. Но когда человек с помощью этих указаний видишь, куда идти, что делать и как, что можно или нельзя, то он начинает видеть связь всей этой огромной системы со своей точкой. И она получается, в итоге, основой этой системы.

То есть человек обязан все эти дорожки пройти и, так или иначе, исследовать?

Да. Ему их намеренно предложили. В соответствии с корнем его души, с общим решимо, которое в нем есть, информационными данными, он все равно должен будет это пройти. Каждый в каком-то своем стиле, в каком-то виде, но все равно обязательно. Иначе он не будет хозяином системы.

Все эти «грехопадения», о которых здесь говорится, так или иначе, происходят в материальном мире. Как следствия духовного они все-таки происходят. Соединение мужчины с мужчиной в древнем Риме вообще было обычным явлением. И другие кровосмешения происходят. Для чего мне все это показывают?

Это следствие разрушения системы, которая специально, таким образом, должна была снизойти, разрушиться и проявиться полностью в нас, чтобы мы начали ее собирать и подниматься.

Падение и подъем происходят по тем же самым ступеням?

Конечно.

Глава заканчивается вот как:

/22/ СОБЛЮДАЙТЕ ЖЕ ВСЕ УСТАНОВЛЕНИЯ МОИ И ВСЕ ЗАКОНЫ МОИ, И ИСПОЛНЯЙТЕ ИХ, ДАБЫ НЕ ИСТОРГЛА ВАС СТРАНА, В КОТОРУЮ Я ВЕДУ ВАС, ЧТОБЫ ЖИТЬ ВАМ В НЕЙ.

Это законы страны, в которую Он ведет...

Это условие, по которому человек сможет войти в страну. Там уже этих условий нет, там уже всё, чисто. Человек уже находится на таком уровне, что эти законы для него становятся его естественными законами, он уже их не преступает. Человек уже не чувствует, что они перед ним находятся, как возможные для исполнения или для нарушения. Этого уже нет.

До входа в Эрец Исраэль? А дальше идут другие законы?
Да.

Дальше написано:
/23/ И НЕ ХОДИТЕ ПО ОБЫЧАЯМ НАРОДА, КОТОРЫЙ Я ИЗГОНЯЮ ОТ ВАС; ОНИ ВСЕ ЭТО ДЕЛАЛИ, И ВОЗГНУШАЛСЯ Я ИМИ. /24/ И СКАЗАЛ Я ВАМ: ВЫ ЗАВЛАДЕЕТЕ ЗЕМЛЕЙ ИХ, И Я ОТДАМ ЕЕ ВАМ В НАСЛЕДИЕ, СТРАНУ, ТЕКУЩУЮ МОЛОКОМ И МЕДОМ: Я – БОГ, ВСЕСИЛЬНЫЙ ВАШ, КОТОРЫЙ ВЫДЕЛИЛ ВАС ИЗ ВСЕХ НАРОДОВ.

Мы закончили эту главу. Она заняла много времени, но она находится в центре Торы. Она действительно как переход.
Да.

Глава «СКАЖИ»

ТВОРЕЦ + ТВОРЕНИЕ = ЛЮБОВЬ

Следующая глава называется «Эмор» – «Скажи». В ней рассказывается, какие законы должен соблюдать коэн; тут же ведется речь о еврейских праздниках; и затем здесь сказано о странной ссоре, которая возникла между двумя людьми. Один из них проклял имя Творца, и было приказано забросать его камнями. Три части – три истории, вроде бы не соответствующие одна другой.

Я выбрал в Книге Зоар два отрывка, касающиеся этой главы.

«Аарон – родоначальник всех коэнов мира». Потому что Творец выбрал его из всех, чтобы установить мир в мире, и также потому, что пути Аарона возвели его к этому. Ведь все свои дни Аарон старался умножить мир в мире, и поскольку таковы его пути, возвел его Творец на священнослужение, чтобы он принес мир высшему собранию. Потому что служением своим он вызывает слияние (зивуг) Творца и Шхины Его, и наступает мир во всех мирах.[50]

Очень высокие слова сказаны об Аароне.

Это действительно самая высшая ступень в действиях человека – соединять свет с материалом творения, Творца с творением. Это и есть корень, основа, причина и конечная цель всего творения.

Аарон – это действие, это не человек. Мы не оперируем такими понятиями как белковые соединения или какие-то отдельные желания. Аарон – это целая система, которая постоянно стремится установить самую близкую,

---

50 «Да будет свет», Книга Ваикра, «Эмор».

взаимную связь между свойством отдачи и свойством получения.

Свойство отдачи – это свойство Творца, где бы оно ни проявлялось. Свойство получения – это свойство творения. Эти два свойства всегда находятся в каком-то отношении друг к другу, потому что одно не может проявляться без другого. Одно выделяется от другого только на своем противоположном фоне.

Аарон – это система, которая уравновешивает две силы, свойство получения и свойство отдачи, и приходит к их взаимному соединению. В итоге получается нечто общее, где уже невозможно отличить свойство отдачи от свойства получения, настолько они дополняют друг друга. Это состояние и является целью творения.

Итак, система совмещения свойств творения со свойством Творца – это и есть система, называемая Аарон.

Интересно, как черное может соединиться с белым, чтобы нельзя было различить их?

Когда черное принимает на себя все свойства белого, а белое принимает на себя все свойства черного, тогда они могут соединяться и взаимно дополнять друг друга.

Это и есть работа Аарона.

Говорится, что он родоначальник всех коэнов мира.

Да, потому что Аарон – не одно отдельное действие на определенной ступени, на определенном уровне, в каком-то состоянии.

Аарон – это постоянная микроскопическая работа во всех вкраплениях всей огромной материи, сотканной из двух сил: отдачи и получения, в каждом узелке которой должно быть правильное их соединение.

Говорится, «потому что из всех людей Творец выбрал его для установления мира в мире». Это и есть мир?

Это и есть мир – состояние в мире во всём огромном желании. Тут мир имеет как минимум два значения: мир – это огромное соединение всех и вся; и мир – это правильное взаимодействие между противоположными свойствами.

Весь этот разный мир приходит к миру – к соединению с Высшим, к благому соединению.

Именно этому служит коэн?

Да, это и есть работа коэна.

Что имеется в виду, когда говорится «народ коэнов»?

Представьте себе, что в прошлом мы все прошли духовный подъем, начиная от Авраама и далее до Аарона и Моше.

Разбившись и спустившись, теперь мы должны быть, как сказано, «народом коэнов», то есть включиться во все народы. Мы не знаем, где находятся наши десять потерянных колен. Но они где-то между народами мира и подсознательно готовы к работе.

Они уже растворились во всех народах, практически?

Да. И как только мы начнем работать над установлением правильного взаимодействия, равновесия, подобия, слияния двух противоположных сил во всех вкраплениях противоположных свойств, которые существуют явно в народе Израиля и в государстве, тогда сразу обнаружим, как в мире поднимаются коэны – эти десять колен – и начинают работу по соединению.

То есть те, кто уже прилепился к ним, начинают вместе с ними подниматься? Система магнита, когда большой магнит начинает подтягивать…

Да. Возбуждать всю периферию.

Как человек может определить, что он – из народа коэна?

По внутреннему влечению. Это может быть некий Иван Степанович, совсем неважно, к какому народу он принадлежит. И даже непонятно, откуда, что и как возникает в нем!

И окажется, что он – один из этих потерянных колен?

Да. Кстати говоря, кто был рабби Акива? Ункилус? Не-еврей, который пришел изучать каббалу и достиг огромных высот.

Это сделано умышленно, чтобы человек не знал, откуда он?

Нет, таким образом проявляется разбиение. Есть группы людей, которые точно знают, кто они.

Это евреи?

Да, сегодняшние евреи. Есть части, которые не знают, и у них существует внутреннее отторжение, неприятие евреев. Они, кстати, тесно связаны с евреями и поэтому так ощущают себя.

Вы как-то говорили, что в любом антисемите ищи еврея.

Точно, обязательно есть еврей. Гитлер и вся его свора были тесно связаны с евреями, там очень интересное переплетение: через женщин, через жен.

Еще есть один вопрос.

...все свои дни Аарон добивался укрепления мира в мире, и поскольку таковы его пути, возвел его Творец на священнослужение, чтобы он принес мир высшему собранию.[51]

О чем здесь речь – «принес мир высшему собранию»?

Высшее собрание – это души, которые достигли состояния слияния с Творцом и являются проводниками между Ним и остальными, которых они должны обслуживать, обучать, соединять, подталкивать, помогать.

Высшее собрание – это великие духовные учителя. Это тоже схема, блок в системе мироздания. Все время мы говорим о силах, то есть о блоках взаимодействиях между ними.

Когда мы говорим о народе коэнов, тоже имеем в виду силы?

Да.

И ВОЗЬМИ В ЖЕНЫ ДЕВСТВЕННИЦУ

Один маленький отрывок из Книги Зоар, пояснение к главе «Эмор» («Скажи»):
Заповедь предписывает главному коэну жениться на девственнице. Как сказано: «Вдову, разведенную, обесчещенную или блудницу нельзя ему брать, а лишь девственницу из народа своего возьмет он в жены». Почему он должен брать только девственницу без

---

[51] «Да будет свет», Книга Ваикра, «Эмор».

изъяна? Поскольку жена – это чаша благословения, и «если отведали от нее, то уже испортили», и она символизирует Малхут, называемую чашей благословения. И также коэн, приносящий жертву перед Творцом, должен быть совершенным, без изъяна, органы его не должны быть ущербны, потому что пороки не позволяют ему быть коэном, тело (гуф) его должно быть совершенным, нуква (женская часть) его должна быть совершенной. Чтобы он соответствовал сказанному: «Вся ты прекрасна, возлюбленная моя, и порока нет в тебе!»[52]

Необходимо поднять желание на такой уровень, когда оно очищается от всех своих эгоистических примесей. Нечестная, блудница, замужняя, бывшая, разведенная и так далее – имеется в виду желание, которое еще не очищено от эгоистических примесей. После того, как очищается от всех эгоистических примесей, она становится достойна уровня, на котором работает коэн.

Этот ее уровень называется девственницей?

Да, тогда она становится девственницей.

И здесь мы тоже, естественно, не проводим никаких параллелей с материальным миром?

Нет, каббала вообще не говорит об этом.

Желание может стать девственным, несмотря на все кругообороты, которое оно проходит?

Девственность – это значит, подъем на такой уровень, который не испорчен эгоистическим влечением. И тогда

---

[52] «Да будет свет», Книга Ваикра, «Эмор».

она может быть ему нуквой: в ней не существует никакого эгоистического вкрапления, и он может брать ее в жены. С помощью такого желания сейчас он может идти на получение Высшего света, производить зивуг дэ-акаа и рожать следующую ступень.

В «Большом комментарии» очень интересно написано про коэнов, в частности, кто может быть коэном:
Чтобы стать первосвященником, коэн должен обладать пятью качествами.
Какими качествами должен был обладать коэн, чтобы иметь право совершать службу первосвященника?
1. Мудрость выступала главнейшим требованием. Совершая служение, первосвященник представлял весь народ. Для свершения этой задачи он должен быть великим в Торе.

«Великим в Торе» — то есть должен уметь использовать ради исправления эгоизма весь Высший свет. В этом и заключается его свойство «великий».

Когда он получает Высший свет, свет хохма, свет мудрости не ради себя, а ради исправления всех остальных келим, тогда он называется мудрым.

Начало говорит о том, что он получает свет хохма, а конец – получает свет хохма именно потому, что он великий в Торе, великий в системе исправления?

Тора и есть вся система исправления.

Второе:

2. Приятная наружность.
Хотя внешняя красота и не является существенно важным качеством, подобало — из почтения к

Творцу и Храму — чтобы первосвященник был хорош собой.⁵³

«Хорош собой» – это значит, что все его внешние свойства – на одном уровне – должны быть направлены на благо другим. В этом заключается красота. Когда человек светится светом, он называется – красивый человек. Мы даем каббалистические комментарии, поэтому говорим не о теле.

Тело не существует – существует свойство. Также определяется и красота женщины. *«Кала наа вэ хасуда»* («невеста приятная видом и благочестивая») – говорится только об исправленных или неисправленных свойствах желания и о том, на каком уровне произведено исправление.

Можно сказать, что всё, о чем мы говорим здесь на материальном уровне, всегда обратно духовному?

Нет. Написано в Талмуде: «Как прекрасен верховный коэн». Имеется в виду его внешний вид? Прекрасный – разве это красивое лицо, осанка, могучее телосложение? Ходит, выпячивая грудь? Нет, конечно. Имеется в виду лишь его духовное проявление.

Третье правило такое:

3. Физическая крепость. Служение в Храме требовало больших усилий.

Например, труднейшую службу Йом Кипура ему приходилось выполнять, постясь.

Аарон был невероятно силен: при посвящении левитов Аарон поднимал каждого в воздух и размахивал им

---

53 М. Вейсман, «Мидраш рассказывает», Недельная глава Эмор.

взад и вперед, вверх и вниз. В один день он проделал это с двадцатью двумя тысячами мужчин.

Сила Аарона была исключительной, но и все коэны известны были крепостью своих мышц.

Считается, что это возможно – подбросить в воздух и покачать двадцать две тысячи мужчин? Понятно, что имеется в виду духовное действие.

Что это – поднять левитов?

Поднять к себе, дать им правую и левую линию и затем опустить их так, чтобы они уже знали, как правильно зайти на следующий уровень.

Существует очень интересное свойство у Высшей бины, которой является коэн. Она настолько находится в свойстве отдачи, что ты не знаешь, как к ней подняться, как к ней подойти. Здесь сверху должна быть протянута рука, которая тебя туда втащит.

Это и есть работа коэна, и проделать ее он мог именно в Йом Кипур. Потому что отменены все пять эгоистических желаний и человек является как бы пустым, годным ко всему. Он готов к смерти (олицетворение белых одежд) и ко всему.

Низшая ступень готова. Она отменила себя. И высшая ступень может делать все, что угодно, с низшей.

Для левитов коэн – это высшая ступень? Он поднимает их, показывает и опускает обратно?

Да, следующая ступень. Коэн вводит их в такое состояние, что они подключаются к нему, входят в него, отменяя себя. Он показывает им эти состояния.

Из этих состояний левиты возвращаются обратно и уже сами просят силы отдачи и любви вопреки своему эгоизму, который начинает возвращаться к ним после Йом Кипур. Они уже хотят подняться сами в это состояние.

То есть эта запись в них уже существует?

Да, да.

Напомните, кто такой левит? Что значит эта предыдущая ступень?

Левит – это связь с народом, низшая часть бины. Через них коэн связан с народом.

Коэн оторван от народа, получается?

Коэны – это высшая ступень исправления, управления, связанная с Творцом. Левиты связаны с коэнами и связаны с Исраэль – с народом.

Кроме того, еще есть разделение между ними на правую и левую линию.

ЗОНТИК БЕЗОПАСНОСТИ

Четвертое свойство коэнов:

4. Богатство. Первосвященник должен был быть в денежном отношении состоятельнее прочих коэнов.

Конечно.

Но Вы говорили, что у коэна нет ничего.

Что значит – богатство? Если я исправил все свои келим и получил туда весь свет хохма, так это и есть мое богатство.

Почему здесь говорится в денежном отношении?

Так перевели слово *кесеф* – денежный. Но *кесеф* – это и *кисуф*, *масах* – экран.

Богатство, чтобы покрывать все потребности других, помогать им, чтобы соединяться с ними. Почему коэн должен иметь большой экран (кесеф, кисуф – деньги)? Для того, чтобы этот экран как зонтик безопасности мог накрывать весь народ.

У коэна есть такая сила, которая может взять все желания, свойства, все чаяния народа и облагородить их, поднять на духовный уровень. Коэн может устремить их к Высшему свету правильно, чтобы Высший свет был для них не ударом, а благом.

То есть «богатство» коэна означает, что. Первосвященник должен обладать таким антиэгоистическим экраном?

Да, экраном, который покроет весь народ. Иначе он не может быть выше их. То есть коэн берет все свое богатство и помогает всем.

Следующая ступень включает в себя все предыдущие. Мы знаем, что вся низшая ступень представляет собой одну точку из следующей ступени, более высокой. Так вот, коэн должен обладать таким экраном, который покрывает всех внизу.

Снова пирамидальная система?

Да.

И последнее пятое свойство:

ГЛАВА «СКАЖИ»

5. Возраст. Было предпочтительнее, чтобы первосвященник обладал достоинством и опытом, а они приходят в зрелые лета.

После множества ступеней, которые уже прошел сам, он имеет большой опыт духовного восхождения.

Однако на практике бейт дин (высший суд) избирал первосвященника безотносительно его возраста, если он обладал всеми прочими качествами. В частности, если сын первосвященника мог занять место своего отца, то ему отдавалось предпочтение перед остальными коэнами, даже если он был молод.

Сыном считается низшая ступень, наиболее близкая к высшей ступени. Потому эта низшая ступень имела предпочтение перед всеми остальными. Если высшей ступени полагалось быть всю его жизнь коэном, то есть он имел соответствующие свойства, то ступень низшая следовала за ней, хотя и не проявляла себя, может быть, достаточно ярко, потому что была в тени своей высшей ступени.

Поэтому Вы всегда говорили о РАБАШе, что он находился в тени своего отца Бааль Сулама? Но оказался самым достойным из всех?

Да. Это потом проявляется: неизвестно, откуда и как. Да и вообще это непонятный нам ход: какая еще здесь есть связь?

Но в духовном существует абсолютно четкая связь, потому что речь идет не о его сыне, а о его ученике, его последователе. Так происходит в духовном.

А потом в хасидуте возникла традиция передачи руководства детям.

Люди, которые не понимали, каким образом передавать духовное лидерство, считали, что раз в Торе написано, что есть «*зхут авот*», значит, сын великого человека имеет что-то от его отца. Отец ведь вложил в него свое семя.

На самом деле под словом семя имеется в виду Высший свет, а не физиологические функции, передача каких-то генов.

В этом отношении хасиды пошли, как обычно, путем буквального трактования Торы. И в итоге, конечно, на этом закончился весь настоящий, истинный хасидут, который являлся каббалой. И сегодня, к сожалению, это просто народное движение.

Оно доброжелательное, мягкое в свое основе, имеет очень много внешних прокаббалистических оттенков. Но несмотря на то, что внешне оно играет, якобы, в каббалу: обычаи, привычки, свойства, законы, – утеряно самое главное. Это работа в сердце.

Основа, начало всего – Бааль Шем Тов?

Бааль Шем Тов, конечно, имел в виду только это. Затем Магид из Мизричи (Межерича) все это передавал правильно и хорошо. Они были великие каббалисты – святые люди, то есть находились на уровне полной отдачи.

Но через сотню лет все начало постепенно портиться. Все каббалисты были бедными. А те, кто был богаче их, начали командовать с помощью денег: «Вы организовываете маленькую группу, сидите в каком-то сарае и читаете свой Зоар? А мы будем делать это в новом хорошем красивом здании». Синагога Бродского, еще что-то такое. «Смотрите – у нас весь народ, у нас всё. А что у вас?». И начали избирать себе совершенно других предводителей, подобных по духу себе, которые их благословляли, вызывали к Торе и так далее. На этом и закончился весь золотой период, начавшийся от АРИ. Постепенно все снизошло до материального уровня.

Но все-таки те каббалисты сделали большие исправления. И наша сегодняшняя каббала строится на их работе.

НЕПОНЯТНЫЙ ДВОР, НЕПОНЯТНАЯ СЕМЬЯ

Практически весь наш разбор сводится к тому, чтобы понять, что написано в каббалистическом тексте, в инструкции, данной человеку для исправления.

Да. Она написана аллегорическим языком я бы сказал, зеркальным. Поэтому не совсем понятно, как пользоваться этой инструкцией, и каждый читает и воспринимает написанное в соответствии со своим уровнем.

В свое время каждый понимал именно внутренний смысл Торы?

Поколение, для которого писал Моше, полностью понимало написанное.

Сегодня мы стараемся объяснить каббалу, или основу исправления, народу Израиля. Вы говорите, что лучше объяснять через систему интегрального воспитания, а не чисто каббалистическими терминами, и не указывая, что это каббала. Мы немного прикрываем каббалу? Или раскрываем через что-то другое?

Нет. Мы начинаем раскрывать каббалу народу в практическом виде – так, чтобы он смог начать ее применять. Но при этом не называем каббалой, потому что это слово люди сразу воспринимают с определенным подтекстом.

Этот подтекст мешает прямому правильному восприятию системы, которую мы предлагаем им для выхода из кризиса, чтобы они подняли себя немножко над миром, чтобы избавились от антисемитизма, нашли правильное взаимодействие между собой и своими детьми.

Мы не можем вклинивать слово каббала и вообще высшие материи, которые для них совершенно недоступны и неинтересны, которые еще не находят отклика в них. Поэтому не можем предлагать им методику, описанную в каббалистических терминах.

Для нас это – силы, взаимодействия, Высшая сила воздействует на наши силы и тянет нас из стороны в сторону, а мы определенным образом реагируем на все. То есть мы занимаемся каббалой как наукой, с помощью которой желаем себя изменить.

К людям же мы приходим и говорим: «Предлагаем вам методику, с помощью которой вы можете изменить мир. Когда вы будете взаимосвязаны, то сможете на него воздействовать».

Мы говорим: «Мир изменится…». Мы не объясняем им, что мир – это восприятие реальности внутри нас. Но говорим: «Это все изменится. Только сила, с которой вы можете менять мир, должна быть коллективной, иначе невозможно воздействовать на природу».

Значит, нам надо объединяться в группы по 10 человек. Это оптимальный вариант, когда люди соединяются, отменяют себя друг перед другом, собираются вместе как один человек в одном сердце. Если они таким образом объединяются, то своей общей доброй силой могут воздействовать на природу и на окружающую действительность и менять всё к лучшему.

Мы их не обманываем, мы говорим, как действовать практически. При этом не рассказываем обо всей сложной системе, которую они запускают.

В этом есть некая высшая хитрость?

Это не высшая хитрость! Это как с детьми! А со мной разве не так? Разве я знаю, что происходит в компьютере, когда нажимаю на клавиши? Не знаю!

Я рассказываю ребенку что-то: может быть, 2 колеса объяснил, а 22 нет, потому что не надо ему это, он еще не поймет. А потом потихоньку, когда он начнет этим заниматься, я ему объясню дальше и дальше, и глубже. И он начнет входить в это практически. Главное, – чтобы теория не заслоняла практику.

Проблема в каббале, что очень многие уходят в ее изучение, оторванное от жизни. И начинают жонглировать: страница такая, страница другая, так написано там, так написано здесь, – им это ничего не дает. Абсолютно ничего! Они при этом меняются? Нет. Они наслаждаются вот этим мысленным жонглированием всевозможными данными. Но что при этом все это означает – сами они не постигли.

Они играют пустыми коробочками, на которых написано: ацилут, малхут, бина, зэир анпин, шаббат, йом, миры АБЕА и так далее. Словами играют, а внутри этих коробочек нет ничего, потому что люди сами не находятся в них, не работают с ними своими чувствами, свойствами.

Очень опасно давать человеку каббалу таким образом, чтобы он просто занимался каким-то искусственным изучением.

Критики со стороны маленьких групп в отношении нашей большой группы становится больше и больше. Они считают, что мы, не постигая внутреннее, выходим во внешнее.

Как это мы не постигаем? Мы именно и постигаем. А в чем они постигают?! У них есть связь между товарищами? Они постоянно работают между собой над этой связью? Они выходят в люди? Разве они работают так, как написал Бааль Сулам, что самое главное для нас – это распространение? РАБАШ посылал меня в институт Берга и в другие места, чтобы я приводил людей. Самое главное было – распространение.

А внутреннее распространение возможно – работа над намерением, тихое сидение? Работа с миром через маленькую группку?

Нет. Нельзя никак расти на своей ступени, не развивая более низкую ступень. В этом и есть твое развитие – всегда, потому что проходит по цепочке: сверху вниз и снизу вверх.

Даже эти внешние связи работают, когда выходят в люди, пытаются им что-то объяснить, найти подходящие слова?

Люди работают на их уровне так же, как высший уровень работает над ними.

Закрыто, внутренне это сделать нельзя?

Нет, никак не получится. Это было возможно в прошлом, а в наше время то, что пишет Бааль Сулам, видно на практике.

Есть сегодня группы, которые занимаются каббалой. В чем их практическое постижение пути? Они говорят, что самое главное – это внутренняя работа. Но насколько глубоко они понимают статьи, исходя из своей внутренней работы? Не механику «Талмуда Эсэр Сфирот», а самое главное – внутреннюю работу человека?

Они пытаются соединять внешние механические действия с внутренними, придавая внутреннее намерение внешним механическим действиям, которые они называют заповедями.

Тем самым они становятся все более и более привязанными к внешним действиям.

Это их основная работа. Они считают, что мы выходим во внешний мир и тем самым как бы отменяем весь механический аппарат и очень многое теряем при этом. В том числе и внутреннее – это их мнение.

А как быть с распространением, которое заповедовал нам наш учитель Бааль Сулам? О чем он пишет во всех своих статьях? «Дарование Торы», «Арвут» («Поручительство»), «Последнее поколение» и так далее. А его встреча с Бен-Гурионом? Поездка Бааль Сулама в Польшу?

Проблема. На это ответа у них нет по большому счету.

Почему РАБАШ принял нерелигиозных и стал их учить, когда я ему сказал, что можно привести людей? Сидел бы у себя и не портил свой образ в Бней-Браке[54]. Привел я к нему с улицы Шенкин[55] не просто нерелигиозных,

---

54 Бней-Брак – населенный пункт в Израиле, где живут религиозные ортодоксы, основная «форма одежды» – лапсердаки, черные шляпы, меховые шапки.

55 Шенкин – центр светской молодежи Тель-Авива.

но любителей самых современных развлечений, самую «золотую молодежь». Зачем ему это надо было?

Я видел, насколько это было важно для него. А как противились этому все его родственники?! Ужас! Они потом не могли выдавать замуж и женить своих детей! Сразу же упал рейтинг их дочерей и сыновей!

Помню, как один из близких РАБАШа жаловался мне, что не может найти жениха для своей дочери, которой уже 25-26 лет, – это солидный возраст в их среде, там в 18 лет выдают замуж.

Начались трудности для семьи только потому, что РАБАШ открыл ворота в каббалу для всех?

Да. Это уже непонятный двор, непонятная семья.

ДВА МИЛЛИОНА УЧЕНИКОВ

Почему же не замечают этих работ Бааль Сулама? Они ведь изучают «Талмуд Десяти Сфирот», комментарий к Зоар?

Потому что незнание ни к чему не обязывает. Как быть с основной заповедью «Возлюби ближнего, как себя», которую необходимо распространить во всем Израиле? Ведь весь народ и затем весь мир должны вернуться к общему единению, к Творцу.

Скорее всего, они хотят, чтобы сначала единение возникло между ними?

И есть к этому какие-то движения? Допустим, я занимаюсь своими самыми правильными мыслями в выполнении какой-то определенной физической заповеди. При этом я исправляю свои отношения с товарищами? Или своё отношение к миру?

Я занимаюсь при этом исправлением самого себя, вероятно?

Я при этом становлюсь еще большим эгоистом, потому что думаю, что я что-то делаю.

Очень много вопросов. По поводу распространения я позвонил одному нашему общему знакомому. Он мне ответил: «Ну, а что ты мне звонишь? Я потому и ушел, что не согласен с этим».

Сказано: «*Бе тох ами анохи ёшевет*» – «Среди народа моего нахожусь Я». А тут наоборот – убегает.

Когда человека толкают на распространение, он испытывает огромное отторжение, пока не начинает чувствовать, что именно в этом заложена основа исправления. Ты видишь, как лет 10–15 мы шли к этому постепенно, ни о чем таком не думая, пока не подошло время.

Вы все время были на это направлены. У Вас уже было очень четкое понимание. Помню, в 1997-м году мы собирались ехать в Россию. Вы хотели читать там лекции. Потом мы все пришли к этому, когда все как бы промылось…

Да, я чувствовал тогда, что через Россию возникнет большая помощь, поддержка.

Так и произошло на самом деле. Но тогда было еще не время. Позже распространение пошло в 10 раз быстрее и шире.

Да, сейчас у нас другого пути нет. Я не вижу другой возможности распространения в широких массах, а это для меня самое главное.

«Когда придет Машиах? – Когда моя Тора распространится во всем народе», – Бааль Шем Тов сказал, что он спросил об этом у Машиаха. Так что у нас нет другого выхода.

Если мы затолкаем себя в рамки жестких заповедей с намерениями, которых не понимаем, то этим сузим себя настолько, что никогда не сможем выйти к людям с этой идеей, с методикой.

Вы говорили, что подавать каббалу народу надо через интегральное воспитание. Но с момента, когда Вы пришли в РАБАШу или даже раньше, когда все чурались каббалы, многое изменилось.

Сегодня нормально, что есть книги по каббале, что она все-таки вошла в массы! От нее не отбиваются, ее слышат. Люди уже начинают приближаться к ней. Почему бы в Израиле не дать чистую каббалу, напрямую?

Все еще существует внутреннее отторжение! Это невозможно преодолеть.

Мы будем идти постепенно, чтобы с помощью интегрального воспитания охватывать огромные круги людей: тысячи, десятки тысяч, потом сотни тысяч, – ты увидишь. Сейчас у нас есть в Израиле, допустим, 20 тысяч человек, а будет 200 тысяч, два миллиона. И постепенно будет просачиваться понимание, что все, чем мы занимаемся, и есть практическая каббала. И это встретят нормально, легитимно.

Это всё – ветви, исходящие из каббалистической группы?

Да. Написано: «Возлюби ближнего – это самое главное в Торе». А здесь говорится, что каббала – это раскрытие Творца людям в этом мире. Творец – это свойство отдачи и любви. Раскрыть Его мы можем как человек, по образу и подобию созданный Творцом, то есть в свойстве отдачи и любви.

Все будет понятно. Сегодня это механические слова, без вкуса. Когда люди немного включатся в интегральное воспитание, они начнут ощущать в них какой-то вкус. Да, это и есть та сила, которая держит мир, она и объединяет, и оживляет. Естественно, что эта общая сила называется Творцом.

Сила связи, единства.

Да, да. И будет очень просто восприниматься – я не сомневаюсь в этом. Но сейчас еще не пришло время. Сейчас они и не боятся, может быть, но все-таки лучше без каббалы: «Остальные чураются, и я не могу заниматься. Зачем мне это надо?»

БЕЗ АНТИСЕМИТОВ МЫ НЕ ПОСТРОИМ ХРАМ

На конгрессе во Франции Вы сказали, что для Европы лучше развивать каббалу, а не интегральное воспитание. Почему?

Там наши группы еще не прошли период своего внутриутробного развития, которое происходит именно под воздействием каббалы. Они еще точно не представляют себе, что это такое, и выходить на интегральное воспитание им сложно. Против их природы говорить кому-то в Европе: «Давайте будем объединяться».

Они чувствуют, что похожи на миллион других психологов, тех, кто проводит психотренинги.

Это, во-первых. А во-вторых, они сами не чувствуют внутренней потребности, не могут, не понимают.

Понимание должно исходить изнутри, из желания, которое сформировано. У нас оно уже есть. Два, три года назад мы силой загоняли его в себя. Проводили конгрессы, встречи, занятия – много всего. Постепенно под давлением, это как-то вошло, начало восприниматься, осознаваться внутренне.

И вдруг возник какой-то мостик между интегральным воспитанием (исправлением, я бы сказал) и каббалой. Получается, что это – одно и то же, две ступени одной системы. Каббала – мы относительно Творца, а интегральное воспитание – вниз относительно нас. И начало восприниматься уже более понятно, гладко.

Кроме того, в нашем действии ощущается, что мы обязаны идти в народ. Обязаны создать вокруг себя огромное количество людей, которые бы понимали эту идею. Идти в мир не затем, чтобы все народы мира становились религиозными иудеями, а чтобы дом Творца стал домом для всех народов мира. Это называется Бэйт Микдаш – желание отдачи и любви, в которое входят все исправившиеся и соединившиеся эгоистические частички.

Иначе ты это не объяснишь и относительно мира не надо позиционировать себя как верующего иудея, который держится за свою религию. Есть другие религии, верования, есть естественное отторжение от иудаизма.

Ты хочешь прийти к людям и объяснить, что такое настоящая Тора, – позиционируй себя в качестве каббалиста, а не религиозного еврея. Поэтому я снимаю с себя кипу, если нахожусь за границей.

Я хочу, чтоб меня услышали независимо, непредубежденно, чтобы на меня смотрели как на обычного человека, а не как на верующего другой религии. Со всеми я разговариваю на одном языке – на языке объединения. А как по-другому?

Вам вменяют в вину то, что Вы раскрываете каббалу в первую очередь не евреям, а всему миру.

Я делаю это среди евреев. Мы скоро увидим, что будет происходить в Израиле. Но тут я хочу спросить. Сказано у пророка, что на своих плечах народы мира вознесут сынов Израиля в Иерусалим. Иудеи сами в Храм не пойдут. Но откуда у народов мира возникнет знание и желание сделать эту работу?

Может быть, имеется в виду, что своим антисемитизмом, своим давлением они заставят Бней Исраэль подняться?

Народы мира должны желать своего избавления и понимать, что оно придет к ним только через народ Израиля. И таким образом они привнесут сынов Израиля в Бейт Микдаш – в Храм. Только таким образом. Иначе ни мы сами, ни они туда не попадут. Только вместе.

Причем народы мира толкают, несут нас. У нас нет ни сил, ни особого желания подняться в Храм. Силы идут от народов мира. Направление, то есть *кавана* (намерение), наверно, наше. А вся сила от них. Но откуда она возьмется, если мы не будем распространять среди них? Без них мы не поднимемся в Храм.

Мы коснулись серьезной темы: на своих плечах народы мира принесут нас в Храм. Вы это объясняете не тем, что будет мощнейшее давление, страдания, войны?

Неважно, каким образом. Не только страданиями. Они осознанно возьмут нас на свои плечи и принесут в Иерушалаим, в Бейт Микдаш – в Храм.

Они не вынуждают нас бежать туда. Они сами вместе с нами попадают туда. Это говорит пророк Исайя. Как можно этого достичь, не распространяя среди народов мира?

У них должно быть знание, что такое Храм, что только это может спасти их и весь мир? И что есть народ, который может это осуществить?

Конечно. Народы мира должны понимать, что мы осознанно работаем вместе. Мы – в намерении, они – своей силой, в своем действии. Они помогают в одном, мы в другом – и таким образом идем вместе.

ЧЕЛОВЕК КАК ПРОМЕЖУТОЧНЫЙ ЭЛЕМЕНТ

В главе «Скажи» – даются законы для коэнов: как себя вести, как служить народу.

Следует иметь в виду, что все говорится об одном человеке. Внутри него есть свойства, которые называется коэн, леви, исраэль, умот олам (народы мира), евреи, храм и все остальное. Весь мир только видится нам миром. На самом деле все заключено внутри нас, и мы видим все в наших желаниях, разбитых на эти элементы.

Все наши желания надо соединить между собой, скомбинировать, сопоставить, связать так, чтобы достичь правильного соответствия между ними. Когда есть правильная связка между народами мира, израильтянами, левитами и коэнами, то все это подтягивается к Храму.

Храм представляет собой не здание: камни, блоки, дерево. Храм – это правильное желание человека, во всех частях которого проявляется единство. Эта целая система находится в абсолютной связи всех своих составляющих и проявляет взаимную абсолютную любовь, то есть взаимную абсолютную заботу друг о друге. Такое состояние называется исправленным состоянием, или Адам. О нем и говорит Тора.

То, что Тора аллегорически выражает в действующих персонажах и объектах нашего мира, – это все на самом деле относится к желаниям в человеке.

Есть как бы две стадии: я живу, заботясь о себе, или я живу, заботясь о другом?

Попросту говоря, да.

Начинается глава так:

/1/ И СКАЗАЛ БОГ, ОБРАЩАЯСЬ К МОШЕ: «СКАЖИ КОЭНАМ, СЫНАМ ААРОНА, И СКАЖИ ИМ: НИКТО ИЗ НИХ ДА НЕ ОСКВЕРНИТСЯ ПРИКОСНОВЕНИЕМ К УМЕРШИМ ИЗ НАРОДА СВОЕГО. /2/ ТОЛЬКО БЛИЖАЙШИМ РОДСТВЕННИКОМ СВОИМ: МАТЕРЬЮ СВОЕЙ И ОТЦОМ СВОИМ, СЫНОМ СВОИМ, И ДОЧЕРЬЮ СВОЕЙ, И БРАТОМ СВОИМ, /3/ И СЕСТРОЙ СВОЕЙ, ДЕВИЦЕЙ, БЛИЗКОЙ К НЕМУ, НЕ БЫВШЕЙ ЗАМУЖЕМ, МОЖНО ЕМУ ОСКВЕРНИТЬСЯ.

Речь идет о желании «коэн», как Вы говорите. Что такое – близкие его желания?

Его самые близкие желания, которые относятся к более низким ступеням, а не к работе коэна – непосредственной связи с Творцом.

Человек, как промежуточный элемент, всегда стоит между высшими и низшими свойствами.

Высшие свойства коэна – это непосредственно Творец. Низшие – это все, которые поддерживают желание, устремленное к Творцу. Эти желания идут по иерархии вниз, на них он стоит, основывается. Каждое из них, на своем уровне подключается к человеку, отменяя себя и включаясь в его устремление к Творцу. Этим они оправдывают свое предназначение.

Всё говорится только о желании заботы о другом?

Всё говорится только о желании. Нет ничего кроме желания! Всё, что сотворено, – это лишь одно желание. Вся наша работа – устремить желание к отдаче, к Творцу так, как Он устремляет свое действие к нам. И тогда мы достигаем слияния.

Коэн – какое место занимает это желание в пирамиде?

Коэн – это свойство, которое может поднять все желания, спускающиеся по иерархии до самого низа, и устремить к связи с Творцом. Он в состоянии это сделать.

Левиты – это желания, которые находятся под коэном и умеют выполнять то, что коэн скажет. Они его понимают, это исполнительный механизм.

Исраэль – это еще более низкие желания, которые могут подчиняться левитам и через них коэну. Исраэль являются связкой между всеми желаниями: высшими и низшими, которые называются народы мира.

Ниже народов мира уже идут животные, растительные и неживые желания.

Практически, Вы сказали, существует пять ярусов?

Да, да. И всё вместе в одной сборке должно быть устремлено к общему единению. Когда достигается общее единение, оно проявляет в себе свойство полной взаимной отдачи. Собираешь что-то, собираешь, и вдруг – раз! Оно собралось и светится изнутри, то есть проявляется их общая сила, – ничего другого.

Между свойствами творений достигается полное взаимное объединение, – в нем и проявляется Творец.

Он просвечивает сквозь всю эту пирамиду?

Да, да. По закону соответствия желания и света. Это цель нашего развития.

Цель нашего существования – достичь состояния единения и через него идти дальше. Но к чему, мы еще не знаем.

РАЗНОЦВЕТНОЕ ЕДИНСТВО

Дальше говорится:
/5/ ДА НЕ ДЕЛАЮТ ОНИ ПЛЕШИ НА ГОЛОВЕ СВОЕЙ, И КРАЯ БОРОДЫ СВОЕЙ ДА НЕ ОБРИВАЮТ, И НА ТЕЛЕ СВОЕМ ДА НЕ ДЕЛАЮТ НАДРЕЗА.

Человек не должен никак изменять свои желания, а только устремлять их правильным образом. Не должен ограничивать себя в этих желаниях, пе должен ломать, уничтожать их. Человек должен только правильно направлять свои желания через их совместимость между собой к единой цели.

Я их подбираю: одно желание и второе. Как два желания могут быть вместе? И не просто вместе. Каким-то образом надо совместить их – одно над другим. Как в своем совмещении они достигнут следующей ступени, объединившись там в одно целое?

На следующей ступени они найдут еще желания, с которыми тоже должны объединиться, чтобы достичь следующей ступени как единое целое. И так идет по иерархии до высшего единого желания, которое связывает в себе все предыдущие таким образом, что в нем может проявиться Творец.

Хотя желания связаны между собой и устремлены к единству, но они разные, то есть получается мозаика из элементов, дополняющих друг друга до совершенства. С одной стороны, проявляется совершенство, а с другой, мы понимаем это совершенство, в нем соединяются различные части, цвета, формы.

Мы можем читать эту мозаику, понимать единство, потому что оно состоит из многих частей. А если бы это проявление единства было просто, как белый свет и больше ничего? Именно его игру, гамму цветов, эту мелодию мы читаем и воспринимаем.

Но потом разноцветье переходит в один цвет?

Воспринимается как единое целое именно потому, что состоит из многих-многих оттенков. Иначе нет возможности ощущать. Так чувствуешь гармонию в музыке. Хотя в мелодии присутствуют тысячи разных звуков и переходов, но в тебе она ощущается как гармония, единство.

Если разложить всю партитуру на составляющие, то никакого единства вроде бы и нет – столько всяких инструментов, звуков, нот, ритма.

Исходя из этого духовного корня, как Вы говорите, садящиеся вокруг стола люди, разные по профессии, по жизненному опыту, по национальности, могут прийти к одному?

Именно потому, что они разные. Чем выше мы пойдем к единству, тем большее разнообразие будет для того, чтобы это единство реализовывать.

Неминуемо люди могут прийти к этой единой цели, к единому желанию.

Да.

Дальше:

/9/ И ЕСЛИ ДОЧЬ КОЭНА ОСКВЕРНИТ СЕБЯ БЛУДОДЕЙСТВОМ, ТО ОТЦА СВОЕГО БЕСЧЕСТИТ ОНА, В ОГНЕ ДА БУДЕТ СОЖЖЕНА.

Что это за желание – дочь коэна?

Коэн – это желание получать, которое исходит из высшей ступени. Если это – желание получать ради себя («обесчестить себя»), то тогда его надо уничтожить. Каким образом его уничтожают? Сжигают в огне.

Уровень коэна, дочери коэна, – это не побить камнями, не умертвить, не какие-то порицания. Это именно такой уровень желания, что его можно очистить только одним способом – сжечь. Имеется в виду сжечь намерение, не желание. Сами желания не пропадают, вообще не меняются. Только намерения меняются.

Что значит – предать огню намерение?

Предать огню – это значит, что суд, который должен изменить намерение, осуществляется на самом высоком уровне – на уровне огня. Есть четыре вида казней: сожжение, побитие камнями, казнь мечом и удушение.

Сжечь – высший уровень, потому что такова высота намерения этого желания – ради себя. Это совершенно не надо воспринимать в каких-то человеческих образах.

Дочь коэна – это желание, исходящее из высшего желания?

Да, да. И наш мир так же отображается нам. Как в компьютере рисуется картинка, но на самом деле ее нет: она нарисована электрическими зарядами на флуоресцирующем экране. Тоже самое и в нас: рисуется картинка. А как мы ее называем – это просто условное обозначение. Так устроен наш мозг, что именно таким образом он трансформирует нам электрические сигналы.

Но ведь пока человек не постигнет, он эти слова не услышит, по большому счету?

Все находится внутри нас, все это мы видим и так ощущаем. Вне нас нет ничего! Всё внутри! Мы работаем сами с собой. В нас, внутри, – весь мир и всё, что мы представляем. Это все надо начинать ощущать и, исходя из ощущения, именно так понимать Тору.

НЕ НАШИ ЖЕЛАНИЯ

Человек должен прийти к тому, что в первую очередь ему нужно работать с самим собой, а не исправлять других? Всё – в тебе!

Всё – во мне. Дальше написано:
/10/ КОЭН ЖЕ ВЫСШИЙ ИЗ БРАТЬЕВ СВОИХ, НА ГОЛОВУ КОТОРОГО ВОЗЛИТО МАСЛО ДЛЯ ПОМАЗАНИЯ И КОТОРЫЙ УПОЛНОМОЧЕН ОБЛАЧАТЬСЯ В ОДЕЖДЫ ДЛЯ СЛУЖЕНИЯ, – ВОЛОС ГОЛОВЫ СВОЕЙ ДА НЕ РАСТРЕПЛЕТ И ОДЕЖД СВОИХ ДА НЕ РАСПАРЫВАЕТ.

Что это за желание – «коэн высший из братьев своих»?

Среди коэнов выбирается великий, большой коэн – «коэн агадоль». На него есть особые законы. Это та точка, через которую человек контактирует с Творцом. Высшая точка, высшее намерение человека.

Кто становился высшим коэном?

В нашем мире? Какое это имеет значение?

Был же высший коэн?

Ну, было такое в народе. Высший коэн избирался великим собранием, не народом.

Со времен Моше это началось. Моше был женат на Ципоре – дочери Итро. И были у него сыновья от нее. Когда получили Тору и вышли в пустыню, тут же пришел к ним Итро. Раньше Моше находился у него 40 лет.

Итро научил, как правильно организовывать иерархию народа, потому что всё время они были в круге вокруг горы Синай – и все равны. Сейчас, после выхода из Египта, больше нельзя оставаться кругом. Надо идти по иерархии на трех линиях. Поэтому здесь должно быть правильное совмещение между эгоистическим желанием, которое устроено по иерархии, и альтруистическим намерением, которое должно быть круглым: оно, хотя и устремлено на Творца, но из середины круга. Как совместить эти две вещи? Поэтому явился Итро и дал методику правильного управления народом.

Ведь народ – не круглый, хотя стремится к тому, чтобы быть круглым. Народ – круглый в своем намерении. Но он – не круглый в своем взаимном подчинении движений к Творцу.

Равенство может быть только в намерении, получается?

Равенство может быть только в намерении, потому что желания – изначально не наши, они даются каждому из нас свыше.

Итро дал деление народа на тысячи, сотни, десятки и так далее. Народ собирался таким образом. Каждый знал свое колено, и шли двенадцать колен, каждый в своем стане, и были запрещены всевозможные объединения между коленами. Например, не имели права выходить замуж и жениться между коленами, то есть каждое колено должно сохранять себя. Но двигались они все вместе.

Здесь должно быть правильное сочетание между индивидуализмом и единством, соединением. Кроме того, во всех коленах были начальники десяток, сотен, тысяч, а в колене леви уже были только левиты и коэны. И по такому же принципу они были устроены и избирали верховного коэна.

Иерархию работы с эгоизмом выстроил Итро?

Да, да. На самом деле Итро и был работником Фараона. Именно потому, что он знал всю эту иерархию, систему Фараона, он смог быть посредником между ним и Моше.

Все-таки он любил Моше, пришел и помог ему. И говорят, что взял Тору с собой, то есть еще взял законы…

Об Итро сказано очень много. Во-первых, есть целая глава в Торе. И в Книге Зоар много сказано.

Итро – это удивительная часть общей системы, которая включает в себя противоположные свойства: и эгоистические, и вроде бы альтруистические.

Поэтому он и может прийти к Моше?

Да. Итро может прийти к Моше, потому что есть между ними Ципора с детьми.

Почему было разрешено Моше жениться на Ципоре? Или тогда еще не было этих разделений?

Тут надо смотреть не по этому признаку. От кого все наши Праматери? Кого в Вавилоне мог взять в жены Авраам? Сара – кто она такая? Яаков идет к самому страшному врагу – Лавану и берет у него дочерей Рахель и Лею. Получается, что жены берутся из племен, которые крайне враждебны.

Итро – тоже не сторонник Моше. А между ними существует очень четкая связь: Итро одной ногой стоит полностью в Фараоне и, может быть, благодаря этому, связан с Моше.

Вопрос заключается в том, что делал Моше сорок лет у Итро? Почему ему понадобилась эта промежуточная ступень? Он обучился всему у фараона до сорока лет – это уровень бины на той ступени. После этого еще сорок лет Моше проводит у Итро. И только потом сорок лет Моше находится с народом Израиля.

Интересно, ведь Фараон – высшая стадия учебы. Для чего надо было учиться потом у Итро?

Для того, чтобы суметь перейти к свойству отдачи, Моше должен был пройти сорок лет у Итро.

А откуда связь между Лаваном, его дочерьми и Яаковом? Кроме того, не только с дочерями, а там еще и наложницы, служанки, от которых у него тоже есть его родные дети.

Тут получается вроде бы непонятная смесь. С одной стороны: запрещено, нельзя. А с другой – мы видим, откуда всё произошло.

Мир желаний так создавался. Завязывалось все в узелок. Дальше тоже не остановилось. Истории продолжались: Рут – маовитянка, правнуком ее был царь Давид…

Это уже можно понять как-то. Действительно Рут была совершенно удалена. Моав – очень враждебные племена. Ненавидели Израиль! И женщина из маовитян рожает царя, наследник которого Машиах Бен Давид приведет весь мир к единению.

Захватывающее чувство.

Простому человеку, который не видит этой картины, не ясны начало и конец, вход и выход этой системы, почему таким образом она замыкается. Ведь интегральная система всегда должна замыкаться.

Это лишний раз доказывает, что нет черного и белого. Есть соединение, как Вы говорите, разных красок, которое вдруг дает цельную картину.

Каждый момент все меняется.

ХАЛАТ С БУБЕНЧИКАМИ

И дальше тоже интересно:
/10/ ...ВОЛОС ГОЛОВЫ СВОЕЙ ДА НЕ РАСТРЕПЛЕТ И ОДЕЖД СВОИХ ДА НЕ РАСПАРЫВАЕТ.

Одеяния – это экран на человеке. Тело человека – 613 органов – олицетворяет собой его желания. Все они должны быть покрыты экраном и отраженным светом.

Волосы – от слова *сэарот*. *Соэр* – это его возбуждение, движение к цели. Нельзя состригать волосы! На каждой ступени можно стричься определенным образом. Волосы олицетворяют собой свет, который нисходит с головы, по бороде и вниз на тело.

До этого говорилось: «волос головы своей... не обрежет», а здесь говорится даже – «не растреплет».

Да. Потому что у коэна была целая система покрытия его. У него, кроме обычной одежды, были особые штаны, особый пояс. На это надет халат с бубенчиками по краям, расшитый особым образом. Была особая шляпа. Это все соответствовало экрану, свойству отдачи, намерению, которое человек должен был создавать на свои желания.

Осталось еще два отрывка, касающихся коэна:

/11/ И НИ К КАКОМУ УМЕРШЕМУ НЕ ДОЛЖЕН ОН ПОДХОДИТЬ, ДАЖЕ ОТЦОМ СВОИМ И МАТЕРЬЮ СВОЕЙ НЕ ДОЛЖЕН ОН ОСКВЕРНЯТЬ СЕБЯ.

/12/ И ИЗ СВЯТИЛИЩА НЕЛЬЗЯ ЕМУ ВЫХОДИТЬ, ДАБЫ НЕ БЕСЧЕСТИТЬ СВЯТИЛИЩЕ ВСЕСИЛЬНОГО СВОЕГО, ИБО ВЕНЧАНИЕ МАСЛОМ ДЛЯ ПОМАЗАНИЯ ВСЕСИЛЬНОМУ ЕГО НА НЕМ. Я – БОГ.

Да, коэн должен беречь себя, не соприкасаться ни с чем, что имеет отрицательное намерение.

Умерший – это желание, которое осталось без намерения, в которое свет войти не может. Это то, что касается всех нас. Поэтому мы не находимся на уровне коэна, поэтому и разрушился в нашем мире Храм.

В главе «Скажи» говорится о законах, которые были даны коэнам, о праздниках, и есть рассказ о человеке, который проклинал Творца и был забит камнями.

Всегда надо пытаться не упускать общую картину. Тора говорит о том, каким образом мы приходим к всеобщему абсолютному объединению. На пути к объединению наш эгоизм раскрывается все больше, и в соответствии с ним и над ним мы раскрываем необходимость во все большем объединении. То есть эгоизм является нашим помощником, действующим против нас, но выявляющим все изъяны, все миазмы наших состояний.

Эгоизм проявляется в нашем потребительском отношении ко всему: в неживой, растительной и животной природе. Но особенно четко – в отношениях между людьми. Зависть, ревность, жажда власти, славы, преклонения – самые главные наши проблемы.

Привести человека к целостному состоянию, когда он может гармонично включить себя в одну единую систему

Глава «СКАЖИ»

со всеми остальными, является целью нашего исправления. Для этого дана Тора – свет, который исправляет все наши изъяны.

Изъяны исправляются в той мере, в которой мы определяем их, в том ракурсе, в котором мы видим их, как изъяны.

Поднимаясь над нашим эгоизмом к все большему и большему единению, мы движемся по ступеням, которые называются «праздники», «будни», «дни недели», «суббота», «новомесячье» (начало месяца), «народы мира», «левиты», «коэны», «израэльтяне». На этих же ступенях мы видим всех столпов духовного восхождения. Один раз мы видим, что находимся на уровне царя Давида, другой раз – Соломона, третий раз – Моше, Аарона, Йосефа, Яакова и так далее.

Каждый раз человек ощущает себя проходящим эти состояния и восходящим с низшей ступени до высшей, вступающим во все состояния, которые возможны. Таким образом, все дни, праздники, будни проходят как бы по человеку. Он проходит состояния каждого из этих столпов. И при этом соединяется со всем человечеством. В завершении всего в себе он интегрирует весь мир и становится Адамом (от слова *домэ* – подобный) – подобный Творцу.

Все, что происходит в Торе, надо понимать, как необходимые ступени развития каждого из нас до этого заранее заданного совершенства.

ДЕВИЦА ИЗ НАРОДА СВОЕГО

Соблюдается ли последовательность праздников, начиная с Рош Ашана (еврейского нового года), Песаха и так далее? И в то же время – последовательность действующих лиц: Ноах, Авраам…? Или это все-таки скачки ощущений человека?

Это для каждого человека индивидуально. И вот в чем тут дело: если бы была одна душа, которая не разбита, целенаправленно исправляет себя по определенной траектории, и в мире нет ничего иного, кроме этой одной души, то все ступени она проходила бы в четком порядке.

Но поскольку мы взаимосвязаны и наши исправления находятся в связи между нами, то получается, что мы должны пройти все состояния. Они взаимно включены между нами и взаимно включены между формами, которые в Торе называются Авраам, Ицхак, Яаков и так далее. Все эти персонажи – духовные ступени, их внутреннее наполнение, называемое человеком на этой ступени. Сами ступени называются суббота, будни, праздники, месяцы, годы.

Существует система, состоящая, в том числе, и из неживой, растительной, животной частей. Это все – целый мир, который развивается в интегральном объединении между собой, каждый раз достигая все большей и большей гармонии.

Все сводится к единству всего человечества. Вот дальше говорится, что запрещено коэну.

/13/ ОН ДЕВСТВЕННИЦУ В ЖЕНЫ БРАТЬ ДОЛЖЕН. /14/ ВДОВУ, ИЛИ ОТВЕРЖЕННУЮ, ИЛИ ОБЕСЧЕЩЕННУЮ, ИЛИ БЛУДНИЦУ – НЕЛЬЗЯ ЕМУ БРАТЬ;

ГЛАВА «СКАЖИ»

А ЛИШЬ ДЕВИЦУ ИЗ НАРОДА СВОЕГО ДОЛЖЕН ОН БРАТЬ В ЖЕНЫ.

Как это можно объяснить в движении к единству?

На каждой ступени мужская и женская части должны соблюдать определенную связь между собой, чтобы быть правильно скомпонованными в одно духовное кли. Женская часть – желание получить, мужская – желание наполнить.

На уровне коэн, когда имеется в виду уже высокая чистота исправления, необходимо, чтобы его женская часть была подчинена только ему, то есть полностью очищена от эгоизма, от чужого наносного и своего собственного. Это значит – девственница, готовая ему в жены.

Говорится: «А ЛИШЬ ДЕВИЦУ ИЗ НАРОДА СВОЕГО»?

Да, естественно, то есть со своей ступени.

Дальше.

/16/ И ГОВОРИЛ БОГ, ОБРАЩАЯСЬ К МОШЕ, ТАК: /17/ «СКАЖИ ААРОНУ ТАК: НИКТО ИЗ ПОТОМСТВА ТВОЕГО ВО ВСЕ ПОКОЛЕНИЯ ИХ, У КОТОРОГО БУДЕТ УВЕЧЬЕ, НЕ ДОЛЖЕН ПОДХОДИТЬ, ЧТОБЫ ПРИНОСИТЬ ХЛЕБ ВСЕСИЛЬНОМУ СВОЕМУ. /18/ ПУСТЬ НИКТО, У КОГО УВЕЧЬЕ, НЕ ПОДХОДИТ: НИ СЛЕПОЙ, НИ ХРОМОЙ, НИ ПЛОСКОНОСЫЙ, НИ УРОДЛИВЫЙ.

Увечье – имеется в виду духовное увечье, то есть эгоистическое поражение. Если человек, который стремится к отдаче, к любви, к гармоничной связи со всем человечеством, поражен болезнью – проказой, например, у него возникают такие неисправности, что в этом состоянии он не может приносить жертву, не может участвовать ни в каком собрании, то есть в народном единении.

Тора перечисляет все эти условия много раз для того, чтобы подчеркнуть их необходимость на каждой ступени.

Каждое увечье в нашем понимании – это неполноценность в стремлении к соединению?

Да, конечно, внутренняя неисправность человека.

Как она определяется? Можно увидеть это увечье?

Внешне никак нельзя определить увечье. Поэтому мы и говорим о тайной науке, или тайном знании, потому что оно скрыто, в том числе и от человека, пока он не раскрывает его в себе. Только в той мере, в которой он в состоянии раскрыть и вытерпеть, он может правильно реализовывать его.

Неисправность раскрывается постепенно внутри, никто снаружи не видит и не понимает, потому что намерения человека неизвестны. Он совершает какие-то поступки, которые внешне будут казаться или глупыми, или даже вредными, несуразными, эгоистическими. А на самом деле они могут быть совершенно иными потому, что характер и качество действия определяет намерение.

Я понял уже, что в нашем мире все перевернуто. Когда здесь говорится: даже «горбатый с переломом», – имеется в виду намерение?

Конечно, только лишь намерение. Ни в коем случае нет никаких ограничений на людей. Даже трудно себе представить, что принимаются во внимание внешние данные, например, что он должен быть похож на Аполлона. Нет!

В Торе речь идет только о внутренних состояниях. Поэтому и описано, какой стан у Моше, какая у него осанка. На самом деле, он – старик от 80 до 100 лет.

С трудом говорящий.
Да. Хотя это тоже духовные ступени. Так что в описаниях внешности речь идет только о намерении. Также, как если говорится о чистоте, то имеется в виду духовная чистота.

Красота – духовная красота, конечно. Никогда не смотрели на внешность, вообще не было стандартов внешней красоты – вот что интересно.

Я немножко столкнулся с пониманием этого РАБАШем. Мне надо было помочь выдать замуж одну девушку, и я познакомил ее с парнем, который учился у нас. Пригласил их вместе к себе на обед, они поговорили, потом пошли гулять. Через два часа этот парень пришел на урок. Спрашиваю у него: «Ну, как?». Он говорит: «Я ушел. Не мог с ней дальше гулять». Я говорю: «Ну, не знаю, я с ней разговаривал, она очень неглупая, начитанная и развитая». Он говорит: «Я не мог на нее смотреть».

Я рассказал РАБАШу, потому что он интересовался, хотел выдать ее замуж. Он сначала не понял: «Как?..». Я ему повторил: «Ему не понравилось, что у нее между глаз родинка какая-то». РАБАШ удивился: «Он на внешность смотрел?!» Для него это удивление было естественным! Как его самого женили? Он видел свою будущую жену?! Нет! Родители подбирают, и все – женись.

Кстати, тому парню не повезло потом. Женился, родили пятерых детей, развелся. И у нее тоже не пошло. Вышла замуж, забеременела, развелась, – в общем, неполные семьи пошли от них.

РАБАШ говорил очень просто: «Любовь – это то, что возникает на основе взаимных уступок». Ты и человек, с которым живешь, ставите перед собой цель – взаимные уступки, и этим достигаете любви. Никаким другим образом.

О любви моментально возникает миллиард вопросов. Люди знают друг друга 10 лет, учатся вместе в школе, – разводятся через год после того, как женятся.

Не имеет значения, сколько времени они знакомы. Имеет значение, как они настроены на будущую связь.

БЫК ИЛИ ОВЦА, ИЛИ КОЗА

Дальше говорится, что коэны не могут прикоснуться к мертвому. Что это?

Чистый эгоизм. Если возникает в нем чистый эгоизм, он уже не в состоянии выполнять никакой работы, он уже должен от него очиститься. Очищение происходит через все 10 новых сфирот. Очень непростая процедура.

Далее:

/12/ А ЕСЛИ ДОЧЬ КОЭНА ВЫЙДЕТ ЗАМУЖ ЗА ПОСТОРОННЕГО ЧЕЛОВЕКА, ТО НЕЛЬЗЯ ЕЙ ЕСТЬ ИЗ СВЯТОГО ПРИНОШЕНИЯ.

То есть принимать в себя свет?

Да. Она уже не имеет никакого отношения к своим родителям. Она уже вся за мужем.

Вы сказали, что дочь коэна – это ступень ниже…

Ступень ниже коэна, следующая за ним, – это и сыновья, и дочери. Сыновья и дочери, в свою очередь, тоже соединяются по иерархии.

Как правило, дочь коэна выдают за коэна – пытаются сохранить этот баланс. Но если происходит не так, то тогда она отлучается от родительского дома. Даже если и была раньше соединена со своим отцом, то встав под другого, она отключается от отца и начинает питаться через другую мужскую часть.

Если мы говорим о материальном, род коэнов – он так и продолжается?

Те, кто занимается биологией, генетикой, исследуют потомков коэнов и получают потрясающие результаты. От Аарона, то есть начиная с Египта и далее, эта ветвь не изменялась. Она переходит только по отцовской линии. И можно проследить очень интересные генетические события.

По этой ветви можно вернуться к Аарону?

Естественно, да. На протяжении, допустим, 3000 лет выстраиваются одни и те же последовательности внутри замкнутого круга людей. Для генетиков это очень интересно: изучаешь геном человека 3000-летней давности и одновременно он перед тобой живой. Такого нет ни у кого из людей! На эту тему есть много исследований среди евреев.

Дальше:

/13/ НО ЕСЛИ ДОЧЬ КОЭНА ОВДОВЕЕТ ИЛИ СТАНЕТ РАЗВЕДЕННОЙ, И ДЕТЕЙ НЕТ У НЕЕ, И ВОЗВРАТИТСЯ

ОНА В ДОМ ОТЦА СВОЕГО, КАК В ЮНОСТИ СВОЕЙ, ТО МОЖЕТ ОНА ЕСТЬ ХЛЕБ ОТЦА СВОЕГО.

Да. Получается, что она от него и находится под ним.

Читаем дальше. Вот что говорится:
/26/ И ГОВОРИЛ БОГ, ОБРАЩАЯСЬ К МОШЕ, ТАК: /27/ «КОГДА РОДИТСЯ БЫК, ИЛИ ОВЦА, ИЛИ КОЗА, ТО СЕМЬ ДНЕЙ ДОЛЖНО ПРОБЫТЬ ЖИВОТНОЕ ПОД МАТЕРЬЮ СВОЕЙ, А ОТ ВОСЬМОГО ДНЯ И ДАЛЕЕ БУДЕТ ПРИГОДНО ДЛЯ ОГНЕПАЛИМОЙ ЖЕРТВЫ БОГУ. /28/ НО БЫКА ИЛИ БАРАНА НЕ РЕЖЬТЕ В ОДИН ДЕНЬ С ПОТОМСТВОМ ЕГО...».

Несколько вопросов. Недавно в Книге Зоар мы читали (оказалось, это важная вещь), что 7 дней должен пробыть новорожденный под матерью своей. И еще странность: мы читали про коэна, про его дочерей. Вдруг, откуда не возьмись, возникает какой-то бык...

И у него есть потомство. А что здесь возникает? Есть коэн и у него есть сын и дочь. То же самое. Только это разные ступени! И тоже имеется в виду человек, а не бык.

Речь ведется о том, каким образом исправляется животная часть человека, можешь ли ты ее поднимать, исправлять в связи с предыдущей ступенью. Если да, то каким образом.

Что означает:

«КОГДА РОДИТСЯ БЫК, ИЛИ ОВЦА, ИЛИ КОЗА, ТО СЕМЬ ДНЕЙ ДОЛЖНО ПРОБЫТЬ ЖИВОТНОЕ ПОД МАТЕРЬЮ СВОЕЙ»?

Сначала происходит внутриутробное развитие, а потом идет период вскармливания. Достаточно недели для того, чтобы он воспринял полную ступень ХАГАТ НЕХИМ, потому что это – животное. У человека больше – 10 ступеней.

Животному достаточно 7 ступеней, чтобы перенять все от своей высшей ступени. Через неделю можешь отрывать его от высшей ступени, потому что его жизнь идет по инстинктивным законам. И человек, который находится на уровне животного, тоже работает инстинктивно. Все учатся от других и живут так же, как другие.

Животному не нужны три верхние ступени? Голова ему не нужна?

Но у животных нет головы, их голова находится на уровне тела.

Вы такое сравнение как-то сделали, что у сегодняшнего мира голова тоже находится на уровне…

Да. У его тела нет головы, и головы у мира на самом деле нет.

То есть сегодняшний мир представляет собой животное состояние?

У мира нет головы, она пропала давно, несколько тысяч лет назад, когда исчезли по-настоящему великие умы.

Мир развивается абсолютно автоматически, что бы ни говорили, с одной стороны, философы, ученые, физики, химики, с другой – что бы ни говорили правительства или банкиры, народные массы или высшие кланы, – ничего не имеет значения. Они накладывают какие-то свои маленькие флуктуации на все движение, но это несерьезно, ни в коей мере не меняет парадигму развития.

НЕОБХОДИМОЕ И ДОСТАТОЧНОЕ

Когда произошла точка переворота человечества?

Со своего поля, огорода, скотного двора человек начал производить больше, чем ему надо. Отсюда и дальше пошел капитализм, прибавочная стоимость и прочее. Этот момент – самый критический – произошел давно! Тысячи лет назад.

До него все было натурально, просто. Сколько съесть, надеть, как и что построить, чтобы жить, – человек жил, исходя из необходимого. Не потому, что стремился к этому. Он не мог по-другому. Не было еще технологий.

Когда появился плуг и возможность глубоко вспахивать землю, перемалывать зерно с помощью воды, когда человек научился гончарным работам, стал обрабатывать металл, то начал производить больше, чем необходимо. И тогда вместо внутреннего, морального, этического развития людей мир пошел в сторону технологического прогресса.

Эта точка и есть тот перелом, где решалась судьба человечества и путь его дальнейшего развития.

Сегодня мы вступили в окончательную стадию. Все наше технологическое развитие терпит крах, – мы оказались у разбитого корыта. Надо понять, что необходимо снизить наши желания до уровня достаточного. В математике есть условие – необходимое и достаточное, то есть рациональное и не более. В нашей жизни надо прийти к пониманию: потреблять только в этой мере, а всю свою энергию и возможности направить на достижение Высшей цели. Всем человечеством начать делать из себя человека.

Возникает масса ассоциаций. Мы говорили: был путь Торы, то есть инструкции, и был путь страданий. Человечество пошло по пути страданий.

Был закон намеренно оставлять колоски с края поля, чтоб бедный шел и подбирал их. Но в какой-то момент колоски стали забирать себе хозяева поля?

Не только это изменилось. Эгоизм человека начал подстегивать его к большему, то есть оправдывать его. Дополнительная стоимость начала вдохновлять эгоизм, а эгоизм подстегивать дополнительную стоимость. Тут и пошло-поехало.

У Пушкина в «Сказке о рыбаке и рыбке» старуха возвращается к разбитому корыту после дворцов, власти, богатства. Надо было ей остановиться, но она не смогла. И возвращается к своей ветхой землянке. На этом ставится точка.

Сейчас, как Вы говорите, мы тоже находимся у разбитого корыта.

Но у нас есть возможность мягкой посадки. То есть нормально, рационально, с помощью распространения каббалистической методики показать, что может случиться с человечеством, если мы не примем эту методику, и что произойдет – если будем следовать ей.

Все равно человечество придет к цели, но или добрым путем, или тяжелым: путем революций, проблем, мировой войны. Сегодня в любом другом месте можно устроить заваруху – достаточно бросить спичку и все вспыхнет.

Сколько боли во всем этом. И у каждого своя внутренняя правда.

Нет, это огромная ненависть всех ко всем. Поэтому малейшая искра – и все горит.

Любыми путями надо донести до мира, что Тора говорит о совершенствовании человека. Она предлагает гладкий путь гармоничного развития, добрый, здоровый, безопасный для человечества. Неужели мы не достаточно натерпелись, чтобы захотеть доброго развития? Или нам надо еще серьезно пострадать прежде, чем мы его захотим?

СВОЕГО БАРАНА – В ИЕРУСАЛИМ

Глава «Эмор» включает в себя раздел «Праздники»: /1/ И ГОВОРИЛ БОГ, ОБРАЩАЯСЬ К МОШЕ, ТАК: /2/ «ГОВОРИ С СЫНАМИ ИЗРАИЛЯ И СКАЖИ ИМ: ПРАЗДНИКИ БОГА, КОТОРЫЕ ВЫ ДОЛЖНЫ НАЗЫВАТЬ СВЯЩЕННЫМИ СОБРАНИЯМИ... »

Все очень просто: священное собрание на разных уровнях и есть праздник.

Соединение массы людей после их серьезной работы между собой – этот период называется расстоянием между праздниками. Время, когда они приходят к новому более высокому объединению между собой, являет собой праздник.

Потом рассказывается, какие жертвы они принесли, над каким эгоизмом вознеслись для того, чтобы создать этот тип священного собрания, который называется Песах, Шавуот, Суккот и так далее.

В праздник весь народ восходил в Иерусалим, каждый тащил своего барана, чтобы там его зарезать, зажарить и съесть.

Что это за цикл – цепочка праздников, к чему он приводил человека?

К тому, чтобы человек достиг своего полного совершенства. И среди всех праздников два самых незаметных – Шавуот и Пурим.

Это же великий праздник – Шавуот, получение Торы! Что может быть значительнее?! Но отмечают его всего один день: есть небольшое дополнение к молитве и едят молочное – свойство отдавать, распространять Тору. И больше ничего.

То же самое в Пурим. Праздник – немножко выпивают, закусывают. И на этом все.

Шавуот и Пурим – два самых скрытых праздника, потому что их надо достичь собственными, очень серьезными усилиями. Поэтому они как бы находятся в тени.

Интересно, что чем выше и глубже, духовно мощнее состояние, тем оно незаметнее. Оно более скрытое, скромное.

Песах, выход из Египта – это праздник!

Это глава всех духовных состояний.

Все начинается с субботы.

/3/ ШЕСТЬ ДНЕЙ БУДЕТ СОВЕРШАТЬСЯ РАБОТА, А В СЕДЬМОЙ ДЕНЬ СУББОТА ПОКОЯ, СОБРАНИЕ СВЯЩЕННОЕ; НИКАКОЙ РАБОТЫ НЕ ДЕЛАЙТЕ; ЭТО – СУББОТА БОГА ВО ВСЕХ МЕСТАХ ПОСЕЛЕНИЯ ВАШЕГО.

Этот праздник приходит каждую неделю, независимо от того, хочешь ты или не хочешь. Поэтому в нашем мире психологически мы относимся к его духовному состоянию так: «Подумаешь, суббота…».

На самом деле суббота – самое мощное средство развития. Если человек не выполняет седьмой день, когда малхут получает всё, что было сделано за шесть дней, то на следующую ступень не поднимается. Он не может достичь никаких новых духовных ступеней, которые характеризуются праздниками.

Суббота – это как бы поворот, еще суббота – еще поворот, еще. После определенного количества таких поворотов человек достигает праздничной ступени. Без субботы нет продвижения. Она – самый большой праздник.

Суббота – не в понимании нашего мира, конечно: что мы не ходим на работу, отдыхаем. Имеется в виду, что своими усилиями в работе над эгоизмом мы достигаем такого состояния, в котором все эти усилия воплощаются в нас, приносят нам плоды. Сейчас мы ничего не должны делать. Мы должны дать возможность Высшему свету нас сформировать.

Наша работа: хэсэд, гвура, тифэрэт, нэцах, ход, есод – шесть дней, шесть последовательных, определенных, четко оформленных усилий. После этого наступает седьмое усилие. Оно приходит свыше, потому что мы не в состоянии сделать его над собой. В субботу приходит Высший свет и меняет нас.

Если в духовном мире не выполнять условия субботы, то невозможно сформировать никаких других состояний во всем остальном.

Можно представить это по жизни одного человека? Он шел, стремился к чему-то, прилагал усилия, – это и были его шесть дней. И в какой-то момент он приходит к раскрытию?

ГЛАВА «СКАЖИ»

Да, да. Мы говорим о шести днях на седьмой, но, понятно, что речь не идет о днях в земном понимании. Это может реализоваться в течение длительного периода.

Возьмем всё человечество. От Адама – первого человека, постигшего всю систему, и до последнего, на котором закроется вся система исправления, – пройдет семь тысячелетий, то есть семь дней, где каждый день – это тысяча лет.

Песах – следующее, о чем говорится в главе «Эмор».
/4/ ВОТ ПРАЗДНИКИ БОГА, СВЯЩЕННЫЕ СОБРАНИЯ, КОТОРЫЕ ВЫ ДОЛЖНЫ СОЗЫВАТЬ В НАЗНАЧЕННОЕ ДЛЯ НИХ ВРЕМЯ: /5/ В ПЕРВЫЙ МЕСЯЦ, В ЧЕТЫРНАДЦАТЫЙ ДЕНЬ МЕСЯЦА, В СУМЕРКИ – ПЕСАХ БОГУ. /6/ И В ПЯТНАДЦАТЫЙ ДЕНЬ ЭТОГО МЕСЯЦА ПРАЗДНИК ОПРЕСНОКОВ БОГУ. СЕМЬ ДНЕЙ ЕШЬТЕ ОПРЕСНОКИ. /7/ В ПЕРВЫЙ ДЕНЬ СВЯЩЕННОЕ СОБРАНИЕ ДА БУДЕТ У ВАС; НИКАКОЙ РАБОТЫ НЕ ДЕЛАЙТЕ. /8/ И ПРИНОСИТЕ ОГНЕПАЛИМЫЕ ЖЕРТВЫ БОГУ СЕМЬ ДНЕЙ; В СЕДЬМОЙ ДЕНЬ – СОБРАНИЕ СВЯЩЕННОЕ: НИКАКОЙ РАБОТЫ НЕ ДЕЛАЙТЕ».

Есть семь дней Песаха – в первый и последний день не делается никакая работа. Почему?

Потому что приходит возбуждение света. Есть *итарута дэ литата* и *итарута дэ лиэйла*.

Итарута дэ литата – это возбуждение снизу. Мы производим и вызываем работу между светом и желанием. Свет исправляет желание, приносит ему правильное намерение.

Итарута дэ лиэйла – вся работа происходит свыше, но вследствие того, что предварительно мы сами создали все условия для нее.

Мы создаем условия для первого и последнего праздника, но неделя должна замкнуться состояниями, когда мы ничего не делаем. Высший свет выполняет работу. Первый день – начало исхода из Египта и последний день – конец исхода из Египта.

ЖИВОТНОЕ ЧУВСТВО – УБЕЖАТЬ!

Тут говорится и о шаббате – седьмом дне, когда мы снова ничего не делаем? Последний день, седьмой – как будто печать ставится?

Да, да. Тут надо иметь в виду, что календарь евреев очень специфический, он построен на движении Солнца, Луны и Земли. Христианский календарь по своему типу является солнечным, арабский – лунным, а иудейский принимает во внимание соотношение трех светил, потому что Земля является центральным объектом между Солнцем и Луной.

Мы сопоставляем их между собой, с одной стороны, год – вращение Земли вокруг Солнца, с другой стороны, месяц – вращение Луны вокруг Земли. Таким образом, календарь не меняется. Поэтому мы можем вычислять даты заранее. Допустим, определить, в какой день будет первый день Песаха через 35 лет.

Более того, на сопоставлении Солнца, Земли и Луны мы можем сказать, в какие дни Песах невозможен. То есть все четко завязано на общую астрономическую систему.

Все время говорится о священном собрании – я уже стал обращать на это внимание.

Священное собрание в Песах – это самое главное. Именно благодаря тому, что они хотели соединиться между собой, им и понадобился выход из Египта.

Человек со своей группой, с обществом, человек с народом или со всем миром – это разные ступени выхода из Египта, то есть из нашего эгоизма. Когда он достигает определенной силы объединения, напряжения, тогда и происходит выход – отрыв от эгоизма.

Эгоизм все время находится между нами и разделяет нас, расталкивает между собой: «Идите отсюда». Если мы ужимаем его и пытаемся соединиться друг с другом, то, как только достигаем первого объединения, начинаем выходить из эгоизма.

В первый день мы пытаемся соединиться, потом в течение недели работаем над этим и завязываемся полностью в последний день выхода из Египта. С этого времени мы представляем собой единый народ.

В самом начале человек абсолютно не понимает, как действовать дальше. Но в нем уже существует вектор – надо убегать от моего эгоизма. Животное чувство – убегать! Правильного осознания еще нет. Это все будет у горы Синай.

Песах и есть начало этого вектора?

Да. Потом идет пятьдесят дней до Шавуота – до получения Торы. А семь дней Песаха – только объединение! Ничего другого.

Дальше продолжим:

/9/ И ГОВОРИЛ БОГ, ОБРАЩАЯСЬ К МОШЕ, ТАК: /10/ «ГОВОРИ С СЫНАМИ ИЗРАИЛЯ И СКАЖИ ИМ: КОГДА ПРИДЕТЕ В СТРАНУ, КОТОРУЮ Я ДАЮ ВАМ, И БУДЕТЕ

ЖАТЬ ЖАТВУ, ТО ПРИНОСИТЕ ОМЕР ИЗ НАЧАЛА ЖАТВЫ ВАШЕЙ К КОЭНУ. /11/ И ВОЗНЕСЕТ ОН ОМЕР ПРЕД БОГОМ ВАМ В БЛАГОВОЛЕНИЕ; ВО ВТОРОЙ ДЕНЬ ПРАЗДНОВАНИЯ ВОЗНЕСЕТ ЕГО КОЭН.

/14/ НИ ХЛЕБА, НИ СУШЕНЫХ ЗЕРЕН, НИ СВЕЖИХ КОЛОСЬЕВ НЕ ЕШЬТЕ ДО ТОГО САМОГО ДНЯ, ПОКА НЕ ПРИНЕСЕТЕ ЭТОЙ ЖЕРТВЫ ВСЕСИЛЬНОМУ ВАШЕМУ; ЭТО ВЕЧНОЕ УСТАНОВЛЕНИЕ ДЛЯ ВСЕХ ПОКОЛЕНИЙ ВАШИХ, ВО ВСЕХ МЕСТАХ ПОСЕЛЕНИЯ ВАШЕГО.

/15/ И ОТСЧИТАЙТЕ СЕБЕ ОТ ВТОРОГО ДНЯ ПРАЗДНОВАНИЯ, ОТ ДНЯ ПРИНЕСЕНИЯ ВАМИ ОМЕРА ВОЗНОШЕНИЯ СЕМЬ НЕДЕЛЬ; ПОЛНЫМИ ДОЛЖНЫ ОНИ БЫТЬ».

Что такое омер?

Омер – это сноп. Срезаешь колосья, собираешь вместе и перевязываешь их – это и есть омер. Все понятно: надо вместе связывать и считать, что при этом достигаешь.

Ты достигаешь: хэсэд, гвура, тифэрэт, нэцах, ход, есод, малхут, – начинаешь считать. Твое соединение с каждым разом все более и более интенсивное. Каждая из семи сфирот: хэсэд, гвура, тифэрэт, нэцах, ход, есод, малхут – состоит еще из семи. То есть хэсэд шэ бэ-хэсэд, гвура шэ бэ-хэсэд, тифэрэт шэ бэ-хэсэд, нэцах шэ бэ-хэсэд, есод шэ бэ-хэсэд…

Семь, умноженное на семь, – сорок девять дней. Ты проверяешь в себе все свои внутренние свойства на омер – на соединение со всеми в один сноп. Это – не объединение, которое было раньше, чтобы выйти из Египта. Со второго дня Песаха начинается исчисление омера.

Внутри праздника Песах начинается?

Да, внутри праздника, внутри первой недели Песаха начинаешь себя проверять. Есть семь стадий последовательного соединения. Так и сказано об этом: «Этим я исправляю то-то и то-то, на такой-то сфире, в таком-то состоянии».

Идёт всё более большая связка людей между собой. В выражении этой связи они достигают такого состояния, что проявляется между ними тот большой эгоизм, который называется «гора Синай» (гора взаимной ненависти). Вот что интересно! На пятидесятый день во время исправления себя они достигают ненависти.

На пятидесятый день им открывается гора.

Да. Раскрывается их естественное эгоистическое состояние, оно не позволит им объединиться между собой. Но, с другой стороны, в них раскрывается огромное желание к арвут – взаимному поручительству.

Они хотят быть вместе в снопе. Они хотят быть взаимно привязанными друг к другу. Но внутри них существует эгоизм, который невозможно – не в их силах! – устранить, ликвидировать, нивелировать. Поэтому они согласны на условия Торы: получить ее для того, чтобы этот эгоизм не умерщвлять, не уничтожать, а постепенно исправлять.

В итоге омер является лишь началом их правильного состояния – движения вперед к объединению. Они поняли, что в объединении – будущее. Они поняли, что рядом с этим объединением стоит их огромный эгоизм. И он не позволит им соединиться.

Сейчас они находятся во внутреннем разладе: перед ними гора Синай – их внутренняя точка может забраться на гору, а сами они – нет.

Гора Синай – практически та же Вавилонская башня, о которой мы говорили раньше. Но теперь она приобретает совершенно другой вид.

Люди, которые прошли выход из Вавилона и выход из Египта, начинают понимать: если в своем объединении они взберутся над эгоизмом, то на его вершине находится Творец.

Песах задал вектор движения, и дальше началось взаимное большее и большее соединение до состояния «гора Синай». Начинается последняя фаза?

Да. Они достигли серьезного состояния: увидели свой эгоизм, свою гордость, заносчивость, невозможность властвовать собой. И соглашаются пригнуть голову и принять на себя исправление на тех условиях, на которых оно будет даровано им.

Это и есть десять основных заповедей – десять сфирот, десять инструментов, с помощью которых они обретают десять несмываемых имен Творца. То есть достигают имени Его, достигают Его свойств. Выше этого находится только одно единое имя – это *юд-кей-вав-кей*.

ХЛЕБ – ПИЩА НЕ ЖИВОТНОГО, А ЧЕЛОВЕКА

Почему сноп – омер?

До этого мы не имели дела с хлебом. Люди исправляют в себе омер, то есть косят, собирают, связывают колосья в снопы и затем превращают зерно в хлеб, в лепешки, – этим они достигают ступени полной отдачи.

Хлеб олицетворяет собой свойство хасадим. Поэтому именно вокруг этого состояния и происходит исправление человека. Хлеб – это уже пища не животного, а человека.

Поэтому:
/14/ НИ ХЛЕБА, НИ СУШЕНЫХ ЗЕРЕН, НИ СВЕЖИХ КОЛОСЬЕВ НЕ ЕШЬТЕ ДО ТОГО САМОГО ДНЯ, ПОКА НЕ ПРИНЕСЕТЕ ЭТОЙ ЖЕРТВЫ ВСЕСИЛЬНОМУ ВАШЕМУ; ЭТО ВЕЧНОЕ УСТАНОВЛЕНИЕ ДЛЯ ВСЕХ ПОКОЛЕНИЙ ВАШИХ…

Землепашец и вся работа на земле?

В то время работа на земле была основной для человека. Имеется в виду – добывание эгоистических желаний, произрастающих из земли, из самого низкого состояния, которые человек может преобразовать в свойство отдачи. Это особое состояние.

В нас находятся наши неживые эгоистические свойства, которые мы можем исправлять. Работа на земле говорит об эгоистических свойствах, которые мы выращиваем в себе, подобно растению. Потом мы можем преобразовывать их в пищу для развития духовной ступени человека.

Мы производим свой собственный внутренний анализ. Мы знаем, каким образом растить в себе эгоизм в правой и левой линии, как им управлять и исправлять – сопоставлять и идти вперед в средней линии.

Кстати говоря, родина пшеницы – это Израиль. Основные злаки тоже отсюда произошли, не из Вавилона. Там был ячменный хлеб, а здесь – пшеничный.

Песах и Шавуот – как можно объединить эти праздники?

Это понятно, потому что всё идет только на связку, на соединение людей между собой.

На каком уровне, при каких условиях, какие части нашего желания соединяются между собой, взаимно дополняют друг друга в подобии Творцу, – в этом и заключается вся Тора. Это и есть вообще всё, что надо делать человеку в этом мире, кроме минимального обеспечения своих потребностей.

Когда мы выходим из состояния нашего мира, обеспечив себя на неживом, растительном и животном уровне плодами земли с помощью нашего исправления, тогда этот мир исчезает. И мы остаемся уже существующими в исправленном, вечном состоянии.

Попытаемся достичь его еще при жизни в нашем мире – для этого дана каббала.

ВЛИЯНИЕ ЛИЧНОСТИ И МАСС НА ИСТОРИЮ

В главе «Скажи» рассказывается о праздниках, то есть о том, что должен пройти человек.

Человек должен пройти все от самого низкого состояния до самого высокого. Но самого низкого состояния он достигает только после того, как проходит самое высокое. То есть начинает с нуля, спускается на одну ступеньку вниз – одна ступенька вверх, две ступеньки вниз – две вверх: минус 1 – плюс 1, минус 2 – плюс 2, минус 3 – плюс 3… Так доходит до минус 125 – плюс 125. И на этом заканчивает свое исправление.

Есть определенные по качеству ступени, которые называются *моадим*. *Моэд* – это особая дата. Не имеется в виду дата в календаре или соотношение Солнца и Луны с Землей.

Моэд означает, что когда человек поднимается на эту ступень, то она имеет особый характерный вид влияния на него: на его прошлое, на его настоящее и будущее, на обобщение того, что он сделал до сегодняшнего дня. Она может поднимать его на какое-то время или на какую-то ступень, и он остается там.

Праздники, моадим, бывают разные. Но каждый раз они очень качественно влияют на человека. Именно качественно, поэтому и отмечены особо.

Все, что говорится в Торе, и все, что нам надо знать, – это знать об этой лестнице, по которой мы, исправляя себя, поднимаемся к подобию Творцу. Все устроено на этой лестнице – ничего другого у нас нет. Вся наша жизнь, мелкая сегодняшняя и будущие другие события, – всё вставлено в эту лестницу.

Лестница основана на исправлении желания, то есть на том, как растет, поднимается весь материал творения: неживое, животное, растительное и человеческое. Это движение вбирает в себя всю материю творения и всю силу, которая управляет материей. Ничего другого нет.

Праздники – это очень интересно. Это существование таких особых ступеней, на которых существуют вертикальные и горизонтальные лифты, как следствие накопленных предыдущих заслуг. Вдруг они прорываются, соединяются вместе и дают какой-то результат.

Вертикальный лифт – более-менее понятен: падения, подъемы. А горизонтальный лифт – что это такое?

Слияние огромного количества мелких душ, осколков, которые на данной ступени вдруг начинают соединяться.

Праздники в нашем мире – это ведь массовое действие, а не особый подъем отдельных личностей в своих постижениях, созиданиях.

Для масс существуют горизонтальные лифты, для личностей – вертикальные, они соединяются в праздники, дополняя друг друга очень интересным образом: влияние личности и влияние масс на историю. Под историей имеется в виду – продвижение.

На самом деле, очень интересная штука. Например, можно ли заменить одно другим?

Может ли масса вести?

Да. Вот в чем проблема. Кухарка, естественно, не может управлять государством, – это мы уже видели. А если эта масса соединена правильным образом внутри себя? Может ли она заменить личность – одну особенную?

Был ли такой пример в истории? Может ли масса заменить собой личность?

Да. Может только на конечном этапе развития, когда достигается полное исправление. Тогда вся масса становится самой выдающейся личностью, вбирая в себя абсолютно всех одиночных каббалистов, этих особых людей.

Даже перед горой Синай говорилось: «Стать одним человеком с одним сердцем». Но все равно Моше был вверху, был лидер.

Моше – это собирательный образ народа, устремленного к Творцу. Образ людей, которые могут собрать все свои самые высокие точки, устремлённые к Творцу и отключенные от всего, что ниже этого. Совокупность таких устремлений людей называется Моше.

Глава «Скажи»

В праздники действует какая-то особая сила? Происходит особое свечение?

Праздник – это особое состояние мира. Желание становится более подобно свету, и между желанием и светом происходит взаимодействие, которое имеет особое имя – наподобие мантры, в каббале это называется гематрия.

Большее подобие свету называется праздником?

Не просто большее подобие. Праздники – это особенные ступени: то, что накоплено на предыдущих ступенях, поднимается на качественно новый уровень.

Что происходит в нашем мире? В нашей жизни огромное значение имеет психология человека, социума, детская психология и так далее. Мы склонны воображать себе любые состояния и ощущать их, потому что страстно желаем этого. В данном случае речь не идет о духовных состояниях, это не имеет никакого отношения к праздникам.

Человек, который поднимается по духовным ступеням, даже если он не достиг ступеней праздника, но пытается каким-то образом подняться до него, если в нашем мире он механически исполняет определенные действия вместе с народом, то от праздника возбуждает определенную волну на себя и на народ. Но так происходит только в том случае, если, в общем, они устремлены к постижению ступени праздника.

Допустим, Шавуот – особый праздник, дарование Торы, Матан Тора. В нашем мире в неживой природе все соответствует положению Земли относительно Луны и Солнца. Высшая сила также сгруппирована определенным образом. Вся эта иерархическая система работает одновременно, синхронно. Поэтому, конечно, в праздники есть определенное свечение.

Но человек, который ничего не знает и просто делает то, что ему сказали, ощущает праздник, как внешнее событие. Люди, которые устремляются к внутреннему смыслу праздника, улавливают определенное свечение. В это время они могут сделать дополнительные исправления на себе.

АТТЕСТАТ ЗРЕЛОСТИ, ПОЛУЧЕННЫЙ В ШАВУОТ

О празднике Шавуот написано в главе *«Эмор»*:
/16/ ДО ДНЯ СЕДЬМОЙ НЕДЕЛИ ОТСЧИТАЙТЕ ПЯТЬДЕСЯТ ДНЕЙ И ПРИНЕСИТЕ НОВЫЙ ХЛЕБНЫЙ ДАР БОГУ. /17/ ОТ ПОСЕЛЕНИЙ ВАШИХ ПРИНЕСИТЕ ДВА ХЛЕБА ВОЗНОШЕНИЯ; ИЗ ДВУХ ДЕСЯТЫХ ЧАСТЕЙ ЭЙФЫ ТОНКОЙ ПШЕНИЧНОЙ МУКИ ДОЛЖНЫ ОНИ БЫТЬ...
/18/ И КРОМЕ ХЛЕБА ПРИНЕСИТЕ СЕМЬ ГОДОВАЛЫХ ЯГНЯТ БЕЗ ПОРОКА...

Так начинается рассказ о празднике Шавуот. Что такое пятьдесят дней, которые отсчитываются?

Это уровень бины. Бина – свойство отдачи, высшая ступень. Малхут – свойство получения, низшая ступень. Разница между малхут и биной – это семь сфирот зэир анпин, промежуточная ступень между ними, которая, как в сэндвиче, разделяет их между собой. В каждой из семи ступеней свои семь подступеней, семь на семь – сорок девять.

Пятидесятая – это уже бина, чистейшее свойство отдачи. Его достигают очень особые личности, такие, как Моше.

И ПРИНЕСИТЕ НОВЫЙ ХЛЕБНЫЙ ДАР БОГУ...
Что это означает?

Хлеб – это и есть свойство отдачи, свойство хасадим.

Рождается новый хлебный дар?

Да, да. Поэтому хлеб – основа всей пищи.

Дальше говорится:

/23/ И ГОВОРИЛ БОГ, ОБРАЩАЯСЬ К МОШЕ, ТАК: /24/ «ТАК СКАЖИ СЫНАМ ИЗРАИЛЯ: В СЕДЬМОЙ МЕСЯЦ, В ПЕРВЫЙ ДЕНЬ МЕСЯЦА, ПУСТЬ БУДЕТ У ВАС ПОКОЙ, НАПОМИНАНИЕ О ТРУБНОМ ЗВУКЕ, СВЯЩЕННОЕ СОБРАНИЕ. /25/ НИКАКОЙ РАБОТЫ НЕ ДЕЛАЙТЕ И ПРИНОСИТЕ ОГНЕПАЛИМЫЕ ЖЕРТВЫ БОГУ».

Так говорится о празднике Шавуот в этой главе.

Шавуот – очень простой праздник. В нашем обиходе нет Храма, нет жертвоприношений, люди в себе это всё делают. Шавуот – очень выдержанный, скромный праздник, с огромным внутренним потенциалом.

Внешне Шавуот стоит между всеми праздниками очень незаметно, хотя это – получение инструкции по исправлению, то есть наш самый главный праздник.

Мы можем сказать, что самый главный наш праздник – выход из Египта. Но мы становимся самостоятельными, когда сказано, что сегодня вы стали народом, сегодня получаете инструкцию, с этого мгновения и далее все зависит от вас. Шавуот дает человеку путевку в жизнь.

После стояния вокруг горы Синай – получение инструкции.

Да. Народ получает аттестат зрелости – Тору.

Следующий праздник, о котором будем говорить, – это уже движение с этой инструкцией?

Да. Но там тоже существуют определенные качественные этапы, которые надо пройти. В принципе, праздники делят всю лестницу на характерные ступени.

О трубном звуке мы не говорили:

/24/ ... В СЕДЬМОЙ МЕСЯЦ, В ПЕРВЫЙ ДЕНЬ МЕСЯЦА, ПУСТЬ БУДЕТ У ВАС ПОКОЙ, НАПОМИНАНИЕ О ТРУБНОМ ЗВУКЕ, СВЯЩЕННОЕ СОБРАНИЕ.

Имеется в виду трубный звук у горы Синай?

Трудно это объяснить. Здесь на помощь приходят сказания: баран запутался рогами в кустах, Авраам принес его в жертву вместо сына своего Ицхака; подобное было с Яаковом, есть и другие истории.

Рассказывается вроде бы о житейских делах, о жертвоприношениях, но на самом деле в аллегорическом виде говорится о духовном. И очень трудно пересказать это людям, которые в духовном не находятся. Например, как объяснить жертвоприношение? Что у человека есть, кроме его эгоизма – желания насладиться? Ничего. Значит, ему надо себя ограничить – принести в жертву свой эгоизм.

Возьмем простой, не каббалистический пример: человек бросил курить, допустим. Он принес в жертву свои наслаждения, какие-то желания.

Это – жертва?

Это, конечно, не жертва. Корова заменяется на козла – делается определенный расчет, что выгоднее. Мы собрались вместе и решили, что выгоднее быть здоровым, поклялись друг другу, что сейчас бросаем курить. Каждый выбросил в середину круга пачку и на этом курение кончилось. Ну, если товарищи так сделали, то и я обязан. Если я посреди круга дал слово – держу его. Это уже обязанность, то есть нет большей измены, чем нарушить свое слово. Это же – духовное действие, это не просто слова.

Духовное действие?

Конечно! Человек идет на это вместе с товарищами, с которыми на этом действии желает создать еще более сплоченное состояние, то есть идет подготовка к ощущению раскрытия Творца. И мы с ними говорим об этом. Я воспринимаю это действие как абсолютно духовное.

Если бы мы просто посидели и поговорили о вреде или пользе курения, то я бы не обращал внимания. Мне под 70, из них 55 лет курю и могу курить еще столько же. Потом последние десять лет, от 110 до 120, – ладно уж, можно бросить.

ТРУБНЫЙ ЗВУК

Интересно, что Вы воспринимаете это на уровне измены, на уровне арвута, соединения.

Это четкая измена. Идет замещение одного состояния другим, потому что связано с духовным.

Речь не идет об измене мужа жене – тут как раз нет никакой измены. Не понятно вообще, почему в жизни мы называем это изменой. При чем тут верность, и какая клятва? Что обязывает супругов к этому?

Но если решение принимается между товарищами, Вы поднимаете его до духовного уровня?

Конечно! Это – абсолютная обязанность. Это же не просто я пошел на курс «Бросить курить». Тут мои ученики. В этот момент они – мои товарищи, и мы вместе приходим к единому мнению.

В принципе, такое объединение может взять на себя любое обязательство – и оно выполнится. Любое! Может быть, не в рамках определенного времени, но это зависит уже от людей.

Тогда другой вопрос: почему человек выходит из этого круга? Бывает же такое?

Он вырывает себя из этого круга. Я тебе скажу, в чем тут дело. Есть два подхода, которые человек постоянно должен в себе возобновлять и даже культивировать.

Первое. То, что на самом деле он сейчас намного более цельный, совершенный, чистый, высший, по сравнению с тем, что было в нем, когда он курил. То есть он выводит себя на новую ступень.

И второе. То, что он постоянно должен чувствовать, что находится перед лицом своих товарищей и не может их предать, потому что при этой клятве Творец как бы присутствует как свидетель. И тут уже человек должен решить.

Конечно, это не для новеньких, которые приходят в каббалу, которые еще не ощущают никакой связи с Творцом, у них нет никакого понимания различия между Творцом, товарищем и собой.

Но если все время я подбадриваю себя, что нахожусь на более высокой ступени, чем был, когда курил (первое); если я стою сейчас перед своими товарищами и сам себе обещаю, что больше не возьму в рот ни одной сигареты (второе), – то это дает мне силы. Я тебе скажу: мне совершенно не тяжело.

После 55-и лет курения?

Да, и причем серьезного курения. Знаю, что я бы очень страдал без сигарет, все-таки от физиологии никуда не денешься. Но именно потому, что я представляю, что обязан моим товарищам, не ощущается никаких проблем.

То есть, так или иначе, мы говорим о Священном собрании?

Да, да.

Говорится: …БУДЕТ У ВАС ПОКОЙ, НАПОМИНАНИЕ О ТРУБНОМ ЗВУКЕ, СВЯЩЕННОЕ СОБРАНИЕ.

Для нас это действительно было священным собранием, потому что мы понимали, что собираемся не просто для того, чтобы бросить курить.

Мы изучаем каббалу, движемся вперед и можем воспользоваться еще и таким средством – группой – для того, чтобы себя очистить или научить, что возможен и такой путь. Вдруг совершенно не тянет курить никого, ни в каких ситуациях.

В данном случае, с точки зрения вашего всеобщего решения не курить, – что является трубным звуком?

Трубный звук – это что-то нечленораздельное, выскакивающее из сердца, но не одного, а всех вместе. Это рев быка, когда он задирает голову и рычит на все вокруг. Зовет самку.

Это состояние – трубный звук. Он исходит из малхут, которая желает явления Творца, чтобы произвести духовное соединение и породить следующую ступень.

Я МОГУ ТОЛЬКО КРИЧАТЬ

Мы начали выяснять, в чем заключается исправление человека во время праздников, и теперь читаем про Йом Кипур (День Искупления).

/26/ И ГОВОРИЛ БОГ, ОБРАЩАЯСЬ К МОШЕ, ТАК: /27/ «НО В ДЕСЯТЫЙ ДЕНЬ СЕДЬМОГО МЕСЯЦА ЭТОГО – ДЕНЬ ИСКУПЛЕНИЯ, СВЯЩЕННОЕ СОБРАНИЕ БУДЕТ У ВАС, И СМИРЯЙТЕ ДУШИ ВАШИ, И ПРИНОСИТЕ ОГНЕПАЛИМЫЕ ЖЕРТВЫ БОГУ. /28/ НИКАКОЙ РАБОТЫ НЕ ДЕЛАЙТЕ В ЭТОТ САМЫЙ ДЕНЬ, ИБО ЭТО ДЕНЬ ИСКУПЛЕНИЯ, ЧТОБЫ ИСКУПИТЬ ВАС ПРЕД БОГОМ, ВСЕСИЛЬНЫМ ВАШИМ».

Счет месяцев начинается с Песаха – с месяца нисан.

Отсчитывается седьмой месяц: хэсэд, гвура, тифэрэт, нэцах, ход, есод, малхут, а десятая, последняя сфира в малхут – это и есть День Искупления. Человек доходит до такого состояния, которое сам исправить не в состоянии.

Тут он должен просто отключить себя и поднять просьбу о своем исправлении. Насколько сможет, настолько и должен поднять. Он дошел до самой последней точки своей природы, до самой низшей, и, исходя из нее, поднимает молитву.

ГЛАВА «СКАЖИ»

Дошел до самого неисправляемого эгоизма, какой только может быть?

Он исправляем, только особым методом, – человек полностью отключает его от всего остального и думает только о нем.

Йом Кипур (День Искупления) – это праздник, день радости. В своих действиях человек дошел до самой низшей точки, достиг состояния, когда действительно может – и ему есть с чем и к кому обратиться – к Высшей силе.

В своем анализе, во внутренних психологических поисках: кто я, что я, для чего мои действия, ради чего живу, – он дошел до своего самого последнего состояния. И обнаружил, что оно – абсолютно эгоистическое и в нем не может быть никакой связи с другими, ничего святого. Это место, где человек находится в своем истинном природном эгоизме. Из этой точки он может только кричать – это и есть момент искупления.

Не обязательно момент искупления приходит в тот день и месяц, который значится в календаре. Человек проходит состояния: хэсэд, гвура, тифэрэт, нэцах, ход, есод, малхут, – и спускается до малхут дэ-малхут. Если он может просить из этого состояния, значит, на самом деле просит о том, чего очень желает.

Человек обнаружил свою истинную природу, абсолютно эгоистическую, и никоим образом не может в ней оставаться. Всеми силами он желает оторваться от нее. В этом и заключается смысл всех просьб. Такое состояние и есть искупление. Только Высшая сила способна взять его и помочь. Сам он не в состоянии ничего сделать, но может попросить об этом.

Никаких движений со стороны человека здесь не может быть. Свой окончательный, исконный эгоизм он ощущает действительно как вредный, ненавистный. Сам себе говорит, что не желает его, что полностью отказывается от использования эгоизма: в пище, в воде, в любых действиях.

Он видит, что ничего не может делать в том состоянии, в которое опустился, потому что это будет действие, исходящее из эгоизма. Сейчас все его действия заключаются только в одном – молить Высшую силу о его исправлении.

О том, что существует в духовном, Вы всегда говорите обратно тому, что существует в материальном. Ведь Йом Кипур – это не день радости для народа, это день вселенской грусти.

О радости не очень много, но написано. Мы просто забыли состояние Йом Кипур, которое когда-то понималось правильно. В течение двух тысяч лет изгнания мы перевели его на свои собственные ощущения и под них подогнали этот день.

Определяешь болезнь: почему и что происходит, – в этом и существует радость? Диагноз поставлен в этот день.

Вообще все наши праздники – это действительно праздники, это радость.

И вот что дальше говорится о Дне Искупления.
/29/ А ВСЯКАЯ ДУША, КОТОРАЯ НЕ СМИРИТ СЕБЯ В ЭТОТ САМЫЙ ДЕНЬ, ОТТОРГНУТА БУДЕТ ОТ НАРОДА СВОЕГО. /30/ И ТОГО, КТО БУДЕТ ДЕЛАТЬ КАКУЮ-ЛИБО РАБОТУ В ЭТОТ САМЫЙ ДЕНЬ, ИСТРЕБЛЮ Я ДУШУ ЕГО ИЗ СРЕДЫ НАРОДА ЕГО. /31/ НИКАКОЙ

ГЛАВА «СКАЖИ»

РАБОТЫ НЕ ДЕЛАЙТЕ, ЭТО – ВЕЧНОЕ УСТАНОВЛЕНИЕ ДЛЯ ВСЕХ ПОКОЛЕНИЙ ВАШИХ, ВО ВСЕХ ПОСЕЛЕНИЯХ ВАШИХ.

/32/ ЭТО СУББОТА ПОКОЯ ДЛЯ ВАС, И СМИРЯЙТЕ ДУШИ ВАШИ В ДЕВЯТЫЙ ДЕНЬ МЕСЯЦА ВЕЧЕРОМ: ОТ ВЕЧЕРА ДО ВЕЧЕРА СОБЛЮДАЙТЕ ПОКОЙ ВАШ».

Указано здесь еще раз – день начинается с вечера.

СМИРЯЙТЕ ДУШИ ВАШИ…

…душа, которая не смирит себя в этот самый день, отторгнута будет от народа…

Если подходишь к этому состоянию, правильно анализируешь и ощущаешь его, то полностью отказываешься что-либо делать, потому что любые действия исходят из конечного эгоизма человека. А тот, кто еще не решил для себя и пытается что-то сделать, естественно, в таком состоянии он просто уничтожает свое дальнейшее продвижение. Это разлагает душу.

Как будто убираешь свое «я», аннулируешь его?

В Йом Кипур человек делает короткое замыкание, так сказать.

«Истреблю Я душу его из среды народа его»?

Желание, из которого сейчас он мог бы начать нисхождение, улетает, скрывается от человека. Затем через много всевозможных действий он снова получает возможность его ощутить, осознать, вернуться в то же состояние, но уже с другим, более глубоким и правильным анализом.

Тем самым получает возможность правильно пройти это состояние. То есть человек удлиняет свой путь.

СЕМЬ ГОСТЕЙ И СЕМЬ СВЕТОВ СУККОТА

Следующий праздник, о котором говорится в главе «Эмор», – Суккот.
/33/ И ГОВОРИЛ БОГ, ОБРАЩАЯСЬ К МОШЕ, ТАК: /34/ «СКАЖИ СЫНАМ ИЗРАИЛЯ ТАК: В ПЯТНАДЦАТЫЙ ДЕНЬ СЕДЬМОГО МЕСЯЦА ЭТОГО – ПРАЗДНИК СУКОТ, СЕМЬ ДНЕЙ БОГУ. /35/ В ПЕРВЫЙ ДЕНЬ – СВЯЩЕННОЕ СОБРАНИЕ: НИКАКОЙ РАБОТЫ НЕ ДЕЛАЙТЕ. /36/ СЕМЬ ДНЕЙ ПРИНОСИТЕ ОГНЕПАЛИМЫЕ ЖЕРТВЫ БОГУ; В ВОСЬМОЙ ДЕНЬ – СВЯЩЕННОЕ СОБРАНИЕ БУДЕТ У ВАС, И ПРИНОСИТЕ ОГНЕПАЛИМЫЕ ЖЕРТВЫ БОГУ; ПРАЗДНИЧНОЕ СОБРАНИЕ ЭТО, НИКАКОЙ РАБОТЫ НЕ ДЕЛАЙТЕ.

Здесь впервые несколько раз, по всей главе, *упоминается* **«священное собрание».**

Праздник *Суккот* продолжается семь дней. И на восьмой день есть еще особое собрание. Каждый день происходит восхождение на духовные ступени: хэсэд, гвура, тифэрэт, нэцах, ход, есод. И затем последняя – малхут – особый праздник, когда человек получает наполнение светом хасадим.

Свет *хасадим* – свет милосердия, любви, свет дружбы, радости, сострадания, соучастия, в общем – доброты. Это называется *хибук ямин* – объятия с правой стороны. «Левую руку Он держит под моей головой, а правой обнимает меня».

Рош а-Шана и Йом Кипур – это «левая рука под головой», Суккот – это «правой обнимает меня». И потом сочетание как бы мужской и женской части происходит в последний, в восьмой день Суккота.

Суккот – это праздник, когда желание человека проходит освещение Высшим светом. Поэтому каждый день его есть проявление все большего и большего света – света доброты и света сочетания, сближения – это объятия.

Здесь каждый день очень важен, устраивается, действительно, собрание, включающее в себя нахождение в сукке (это особый шалаш, который строится под открытым небом) и трапеза внутри, в шалаше. Это может быть просто кусок хлеба с чем-то, не важно, главное – считать это трапезой.

В последний день – восьмой – выходят из шалаша, уже получили окружающие света (*ор макиф*) – то, что исправляет, наполняет человека и подготавливает к раскрытию Творца, к контакту с Творцом. Поэтому восьмой день называется Симхат Тора – радость Торы.

Торой называется свет, который приходит и исправляет человека. Радость этого света заключается в том, что в течение семи дней он исправляет наш эгоизм, а в восьмой день наполняет его.

Каждый вечер в сукку, мы говорим, приходят определенные гости. Авраам, Ицхак, Яаков?

Олицетворение исправлений. Это не исторические персонажи. В каббале нет истории, потому что вся история все равно находится здесь, между нами, в воздухе как бы. Эти персонажи говорят о тех ступенях, которые мы должны пройти. Каждая из них имеет свой очень особый характер.

Только пройдя все эти ступени, то есть исправив себя в семи различных характерных состояниях, человек становится готовым к раскрытию Творца – это происходит в восьмой день.

В первый день приходит Авраам…

Авраам, Ицхак, Яаков, Моше, Аарон, Йосеф, Давид.

Давид – последний, потому что он стоит против малхут (последней сферы).

Давид – это уже исправление Эрец Исраэль?

Да.

Можно сказать, что имена – это как бы света, которые входят?

Это не только света, вся ступень так называется: исправленное желание и свет, ее наполняющий.

Сейчас прочтем дальше.

/39/ НО В ПЯТНАДЦАТЫЙ ДЕНЬ СЕДЬМОГО МЕСЯЦА, КОГДА СОБИРАЕТЕ ВЫ ПЛОДЫ ЗЕМЛИ, ПРАЗДНУЙТЕ ПРАЗДНИК БОГА СЕМЬ ДНЕЙ: В ПЕРВЫЙ ДЕНЬ ПОКОЙ И В ВОСЬМОЙ ДЕНЬ ПОКОЙ.

В десятый день мы праздновали Йом Кипур, и через пять дней после этого начинается Суккот.

Продолжаем:

/40/ И ВОЗЬМИТЕ СЕБЕ В ПЕРВЫЙ ДЕНЬ ПЛОД ДЕРЕВА ВЕЛИКОЛЕПНОГО, ВЕТВИ ПАЛЬМОВЫЕ И ОТРОСТКИ ДЕРЕВА ГУСТОЛИСТВЕННОГО, И ВЕРБ РЕЧНЫХ, И РАДУЙТЕСЬ ПРЕД БОГОМ, ВСЕСИЛЬНЫМ ВАШИМ, СЕМЬ ДНЕЙ. /41/ И ПРАЗДНУЙТЕ ЭТОТ ПРАЗДНИК

ГЛАВА «СКАЖИ»

БОГУ СЕМЬ ДНЕЙ В ГОДУ: ЭТО – ВЕЧНОЕ УСТАНОВЛЕНИЕ ДЛЯ ВСЕХ ПОКОЛЕНИЙ ВАШИХ; В СЕДЬМОЙ МЕСЯЦ ПРАЗДНУЙТЕ ЕГО. /42/ В ШАЛАШАХ ЖИВИТЕ СЕМЬ ДНЕЙ; КАЖДЫЙ ЖИТЕЛЬ СТРАНЫ В ИЗРАИЛЕ ДОЛЖЕН ЖИТЬ В ШАЛАШЕ, /43/ ДАБЫ ЗНАЛИ ПОКОЛЕНИЯ ВАШИ, ЧТО В ШАЛАШАХ ПОСЕЛИЛ Я СЫНОВ ИЗРАИЛЯ, КОГДА ВЫВЕЛ ИХ ИЗ СТРАНЫ ЕГИПЕТСКОЙ. Я – БОГ, ВСЕСИЛЬНЫЙ ВАШ». /44/ И ОБЪЯВИЛ МОШЕ О ПРАЗДНИКАХ БОГА СЫНАМ ИЗРАИЛЯ.

На этом заканчивается перечень праздников. И я хочу спросить, что это – ветви пальмовые, отростки деревьев густолиственных? Почему: «Возьмите себе в первый день плод дерева великолепного»?

Это обозначения особых условий или, сказать лучше, особых свойств, которых человек должен достичь для того, чтобы в последний день праздника полностью собрать свой сосуд для раскрытия Творца. В нашем сосуде есть хэсэд, гвура, тифэрэт, нэцах, ход, есод, малхут – семь частей. Все на семь делится, как мы видим.

Мы должны собрать три ветки аравы (плакучая ива), две ветки адаса (мирт) – это пять. Потом шестое – сам лулав (верхний, еще не распустившийся побег финиковой пальмы). И затем малхут – этрог (плод цитрусового дерева).

Собираем всё вместе – это олицетворяет исправленные состояния семи частей нашей души. И держим внутри шалаша под воздействием окружающего света (ор макиф), который исправляет нас.

Человек собрал в себе все эти свойства и находится в таком состоянии, когда может просить полного исправления, то есть делает на них благословление. Тогда и воздействует на него окружающий свет. Конечно, это происходит не в результате физических движений.

Речь идет о внутренних действиях. Это пример того, что надо сделать внутренне. Таким образом. в течение семи дней входят в него семь различных светов окружающего света, чистят, исправляют его и готовят к последнему дню, когда он уже выходит из сукки, из-под навеса и вступает в день, который называется Симхат Тора – праздник Торы.

Свет, который его исправил, называется Тора. Сказано: «Я создал эгоизм и создал Тору для его исправления». Тора – это свет, который приходит и исправляет весь эгоизм. На восьмой день душа получает свое исправленное состояние и начинается праздник Торы – именно праздник, веселье.

РАЙ В ШАЛАШЕ ДЛЯ ВСЕГО МИРА

И уже можно выйти из шалаша?

Можно выйти из шалаша, человеку уже не нужны внешние атрибуты. Он достиг исправления своей души.

Там есть очень много деталей того, как в соответствии с наружными производятся внутренние действия. Север, юг, запад, восток, вверх, вниз, – наши движения с четырьмя видами растений: этрог, лулав, арава, адас, – все это имеет определенный внутренний смысл.

Народ делает это внешне, но надо понимать внутренний смысл и пытаться хоть как-то быть к нему ближе. Иначе толку от этих праздников нет никакого.

То есть все эти чисто механические действия...

Это внешние проявления в нашем мире внутренних очень глубоких, могущественных духовных сил, которые мы можем вызывать на себя и таким образом поднимать себя из нашего мира в Высший мир. Это как бы самоподнимающаяся платформа, на которой сейчас мы находимся, и которая командует всеми нашими свойствами: что мы видим, слышим, ощущаем в этом мире.

Мы живем внутри своего животного тела, и только через него ощущаем наше состояние и видим тот же животный мир, потому что мы сами животные и выше себя никак не видим.

Как нам из животного переселиться в образ, который называется человек? Тора и рассказывает нам, как сделать это преобразование. Как свою шкуру поменять с животного на человека: видеть, слышать, понимать, полностью жить внутри человека, а не внутри животного, как мы сейчас живем.

Важным элементом шалаша является крыша, то есть покрытие. Несколько слов о нем?

Есть очень много элементов в этих действиях, потому что все они созданы по образу и подобию Высших свойств, которые мы должны возбудить на себя.

Крыша строится из ветвей, палок, деревьев, но только таких, которые не обработаны и никак не используются. На крышу нельзя класть ничего из того, что используется в обиходе человека. Крыша не должна быть жестко привязана к стенам. Должна быть такой, чтобы в солнечный день в шалаше тени было больше, чем света. Не полностью темно, пусть где-то проглядывает свет, но не более того.

Крыша – очень важный элемент.

Что это во внутренней работе человека?

Крыша – это экран, который отделяет нас от Высшего мира и от света, который наполняет Высший мир. Но одновременно мы строим экран – не физически из ветвей и листьев, а делаем его из себя, создаем этот экран внутри себя. Таким образом, своим экраном мы нейтрализуем Высший экран.

Высший экран – экран скрытия. А наш экран – экран раскрытия. Мы нейтрализуем тот экран нашим, и свет начинает светить и исправлять нас.

Мы как бы строим экран раскрытия? Мы говорим об отраженном свете?

Да, об отраженном свете. Он начинает светить в нас, и поэтому такое состояние называется «Праздник Торы». Свет, который светил на нас в течение семи дней, исправил нас полностью, и сейчас внутри нас он может наполниться – наполнить нас. Это и есть праздник.

Тора приходит к своему логическому естественному заключению – наполнению души, сосуда, который она исправила.

С одной стороны, Вы говорите о духовном состоянии, что вся механическая часть не так важна. С другой стороны, я знаю, что Ваш учитель РАБАШ к этому относился очень и очень серьезно.

Особенно к сукке.

Причем с очень большим пристрастием – проверял, висит ли крыша, не завязана ли она на столбах. Вы можете сказать, почему все-таки такое отношение?

Так устроен человек, что если для него что-то дорого, то он к этому относится очень трепетно, даже на нашем низшем уровне. Все, что касается глубоких внутренних побуждений, если они очень дороги нам, то мы сохраняем такое же трепетное отношение и к их символам в нашем мире.

Внутреннее выливается во внешнее?

Да, да. Конечно, это всего лишь символы. Самое главное – внутренние исправления. Но когда человек начинает внутренне работать над исправлением, то для него внутренние символы становятся чем-то, что привлекает его и к внешнему действию.

И кроме того, Суккот – это просто веселый, хороший праздник. Все с семьями собираются в шалаше, выпивают, закусывают, поют песни, веселятся. Можно устроить огромный шалаш на весь мир, покрыть всю планету этим шалашом – и радоваться всем вместе.

Еще в этом шалаше очень красиво. Дети и женщины делают всякие украшения.

Это уже народные добавления. Нигде в Торе об этом не сказано.

Дальше в этой главе происходит точка переворота. Мы прошли праздники, – и вдруг приходит совсем другая тема.

Здесь написано, что – вдруг:

/10/ И ВЫШЕЛ СЫН ИЗРАИЛЬТЯНКИ, ОН ЖЕ СЫН ЕГИПТЯНИНА,

После всего, что сообщается о таких красивых вещах!..

Да:

/10/ И ВЫШЕЛ СЫН ИЗРАИЛЬТЯНКИ, ОН ЖЕ СЫН ЕГИПТЯНИНА, В СРЕДУ СЫНОВ ИЗРАИЛЯ, И ПОССОРИЛИСЬ В СТАНЕ ЭТОТ СЫН ИЗРАИЛЬТЯНКИ С ИЗРАИЛЬТЯНИНОМ. /11/ И ОСКОРБЛЯЛ СЫН ИЗРАИЛЬТЯНКИ ИМЯ БОГА, И ПРОКЛИНАЛ. И ПРИВЕЛИ ЕГО К МОШЕ. А ИМЯ МАТЕРИ ЕГО ШУЛАМИТ, ДОЧЬ ДИВРИ, ИЗ КОЛЕНА ДАНА. /12/ И ПОСАДИЛИ ЕГО ПОД СТРАЖУ ДО ОБЪЯВЛЕНИЯ ИМ РЕШЕНИЯ ПО СЛОВУ БОГА. /13/ И ГОВОРИЛ БОГ, ОБРАЩАЯСЬ К МОШЕ, ТАК: /14/ «ВЫВЕДИ ПРОКЛИНАЮЩЕГО ЗА ПРЕДЕЛЫ СТАНА, И ВОЗЛОЖАТ ВСЕ СЛЫШАВШИЕ РУКИ СВОИ НА ГОЛОВУ ЕГО, И ЗАБРОСАЕТ ЕГО КАМНЯМИ ВСЕ ОБЩЕСТВО. /15/ А СЫНАМ ИЗРАИЛЯ СКАЖИ ТАК: ВСЯКИЙ, КТО БУДЕТ ПРОКЛИНАТЬ ВСЕСИЛЬНОГО СВОЕГО, ПОНЕСЕТ ГРЕХ СВОЙ. /16/ А ОСКОРБЛЯЮЩИЙ ИМЯ БОГА СМЕРТИ БУДЕТ ПРЕДАН, КАМНЯМИ ЗАБРОСАЕТ ЕГО ВСЕ ОБЩЕСТВО: КАК ПРИШЕЛЕЦ, ТАК И ЖИТЕЛЬ СТРАНЫ, ОСКОРБЛЯВШИЙ ИМЯ БОГА, СМЕРТИ БУДЕТ ПРЕДАН».

Понятно, что проклинающий имя Бога – это человек, который отвергает свое любое исправление и движение к цели творения, он просто отрубает себя от Высшего света, который может его исправить. Поэтому его эгоизм уже не поддается исправлению.

«Смерти будет предан» – на этой ступени он теряет любую связь с Высшим светом, он уже не двигается дальше. Требуется особое исправление, целый круговорот жизни для того, чтобы он снова пришел к этому состоянию и получил возможность подниматься и исправляться.

Вы можете предположить, почему вдруг появилось такое окончание главы? Не заканчивается глава праздниками, радостью от получения Торы, как логически должно завершаться...

Вдруг: «И вышел сын израильтянки, он же сын египтянина, в среду сынов Израиля...».

Основа начинает проявляться в народе благодаря именно этому точному, тонкому исправлению. Начинают проявляться и показываться изъяны, взятые из Египта, которые раньше не замечались, а сейчас они раскрываются. И народу приходится их исправлять.

Забрасывание камнями, предание смерти – речь идет о желании в человеке, которое надо аннулировать и снова начать его исправлять.

Вы говорите, что в свете радости получения этого света проявился тот, чей «отец – египтянин»?

Да. Именно благодаря ему. Все равно все идет к исправлению.

Приложение

ОБ ИЗДАНИИ «ТАЙНЫ ВЕЧНОЙ КНИГИ»

«Тайны Вечной Книги. Каббалистический комментарий к Торе» – многотомное издание, передающее содержание одноименного цикла передач с каббалистом Михаэлем Лайтманом. Автор и ведущий – Семен Винокур.

Уникальное издание впервые приоткрывает завесу тайны о истинном смысле Торы. Знания, которые тысячелетиями передавались из уст в уста, хранились от посторонних глаз и ушей, сейчас раскрываются нам, потому что пришло время.

В каждом томе последовательно дается каббалистический комментарий к недельным главам Торы.

СОДЕРЖАНИЕ ТОМОВ

Том 1, главы Торы: «В начале», «Ноах», «Иди себе».

Том 2, главы Торы: «И открылся», «И было жизни Сары», «Вот родословная Ицхака...», «И вышел Яаков».

Том 3, главы Торы: «И послал», «И поселился», «В конце», «И подошел», «И будет», «Имена», «И явился», «Идем».

Том 4, главы Торы: «Когда послал», «Итро», «Законы», «Пожертвование».

Том 5, главы Торы: «Укажи», «Когда будешь вести счет», «И собрал», «Исчисления», «И призвал»

Том 6, главы Торы: «Прикажи», «Восьмой», «Зачнет», «Прокаженный»

Том 7, главы Торы: «После смерти», «Будьте святы», «Скажи».

Том 8, главы Торы: У горы», «По Моим законам», «В пустыне», «Исчисли».

ПРИЛОЖЕНИЕ

МИХАЭЛЬ ЛАЙТМАН

Михаэль Лайтман (философия PhD, биокибернетика MSc) – всемирно известный ученый-исследователь в области классической каббалы, основатель и глава Международной академии каббалы (МАК) – независимой, некоммерческой ассоциации, занимающейся научной и просветительской деятельностью в области науки каббала.

М. Лайтман – автор более 70 книг по науке каббала, переведенных на 40 языков, являющихся углубленными комментариями ко всем оригинальным каббалистическим источникам.

СЕМЕН ВИНОКУР

Автор и ведущий серии передач с Михаэлем Лайтманом «Тайны Вечной Книги», писатель, сценарист, кинорежиссер и продюсер более восьмидесяти документальных и художественных фильмов, лауреат премий и наград 12 международных фестивалей за лучшие документальные фильмы, обладатель приза Израильской академии кино за лучший сценарий игрового фильма.

МЕЖДУНАРОДНАЯ АКАДЕМИЯ КАББАЛЫ

http://www.kabacademy.com/

Учебно-образовательный интернет-ресурс – неограниченный источник получения достоверной информации о науке каббала.

Миллионы учеников во всем мире изучают науку каббала. Выберите удобный для вас способ обучения на сайте.

Контакты в Израиле:
тел.: 035419411
email: campuskabbalahrus@gmail.com
Facebook: https://www.facebook.com/campuskabbalah

УГЛУБЛЕННОЕ ИЗУЧЕНИЕ КАББАЛЫ – ЕЖЕДНЕВНЫЙ УРОК

http://www.zoar.tv/

Каждое утро на сайте ведется прямая трансляция уроков каббалиста Михаэля Лайтмана для всех, кто занимается углубленным, ежедневным изучением науки каббала и исследованием каббалистических первоисточников.

Видеопортал Зоар.ТВ располагает уникальным контентом в виде бесплатных видео материалов, видеоклипов, ТВ онлайн, добрых фильмов онлайн, музыки.

ПРИЛОЖЕНИЕ

ИНТЕРНЕТ-МАГАЗИН КАББАЛИСТИЧЕСКОЙ КНИГИ

Все учебные материалы Международной академией каббалы основаны на оригинальных текстах каббалистов..

Израиль:
http://66books.co.il/ru/

Россия, страны СНГ и Балтии:
http://kbooks.ru

Америка, Австралия, Азия
http://www.kabbalahbooks.info

Европа, Африка, Ближний Восток
http://www.kab.co.il/books/rus

Михаэль Лайтман

ТАЙНЫ ВЕЧНОЙ КНИГИ
Каббалистический комментарий к Торе
Том 7

Технический директор: *М. Бруштейн.*
Редакторы: *Э. Сотникова, А. Постернак.*
Технические редакторы: Л. Жиленкова, Э. Стосман, Н. Серикова..
Верстка: С. Добродуб.
Оформление обложки: А. Мохин.
Выпускающий редактор: С. Добродуб.

ISBN 978-965-7577-84-4
DANACODE 760-129

www.ingramcontent.com/pod-product-compliance
Lightning Source LLC
LaVergne TN
LVHW021233080526
838199LV00088B/4336